MAPA DA CORAGEM

CARO LEITOR,
QUEREMOS SABER SUA OPINIÃO SOBRE NOSSOS LIVROS.
APÓS A LEITURA, CURTA-NOS NO FACEBOOK.COM/EDITORAGENTEBR,
SIGA-NOS NO TWITTER @EDITORAGENTE E
NO INSTAGRAM @EDITORAGENTE
E VISITE-NOS NO SITE WWW.EDITORAGENTE.COM.BR.
CADASTRE-SE E CONTRIBUA COM SUGESTÕES, CRÍTICAS OU ELOGIOS.

FABIANE MAIMONE

MAPA DA CORAGEM

APRENDA A TER CORAGEM E TRANSFORME A SUA VIDA

Gente
editora

Diretora
Rosely Boschini

Gerente Editorial Sênior
Rosângela de Araujo Pinheiro Barbosa

Editora Júnior
Rafaella Carrilho

Produção Gráfica
Fábio Esteves

Coordenação Editorial
Algo Novo Editorial

Preparação
Juliana Cury | Algo Novo Editorial

Revisão
Natália Mori

Projeto Gráfico, Diagramação e Capa
Vanessa Lima

Impressão
Gráfica Assahi

Copyright © 2022 by Fabiane Maimone
Todos os direitos desta edição são reservados à Editora Gente.
Rua Natingui, 379 – Vila Madalena
São Paulo, SP – CEP 05443-000
Telefone: (11) 3670-2500
Site: www.editoragente.com.br
E-mail: gente@editoragente.com.br

Dados Internacionais de Catalogação na Publicação (CIP)
Angélica Ilacqua CRB-8/7057

Maimone, Fabiane
 Mapa da coragem: aprenda a ter coragem e transforme a sua vida / Fabiane Maimone. – São Paulo: Editora Gente, 2022.
 224 p.

 ISBN 978-65-5544-292-2

 1. Desenvolvimento pessoal 2. Coragem 3. Autoconfiança I. Título.

22-6565
CDD-158.1

Índice para catálogo sistemático:
1. Desenvolvimento pessoal

NOTA DA PUBLISHER

O que significa ter coragem diante de um desafio? E como ser corajoso em um momento de dificuldade pessoal? Essas não são questões de respostas fáceis e prontas. E com dias tão atarefados, que nos forçam a entrar no modo automático para resolver problemas, parece que não temos mais espaço nem tempo para sermos corajosos, muito menos vulneráveis, para fazermos escolhas fora da curva.

Em **Mapa da coragem**, nossa autora estreante Fabiane Maimone se propõe a ajudar você a treinar a sua coragem e concretizar sua missão, sendo o protagonista da própria vida. Aqui, você vai resgatar a sua autonomia, superar inseguranças e construir o próprio caminho.

Eu acredito profundamente na força transformadora que os livros exercem sobre quem os lê. E não há nada mais proveitoso do que uma leitura que se propõe ajudá-lo a construir a segurança necessária para ter a coragem de ser a pessoa que você nasceu para ser!

Acesse esse Mapa de descobertas e boa viagem!

ROSELY BOSCHINI – CEO E PUBLISHER DA EDITORA GENTE

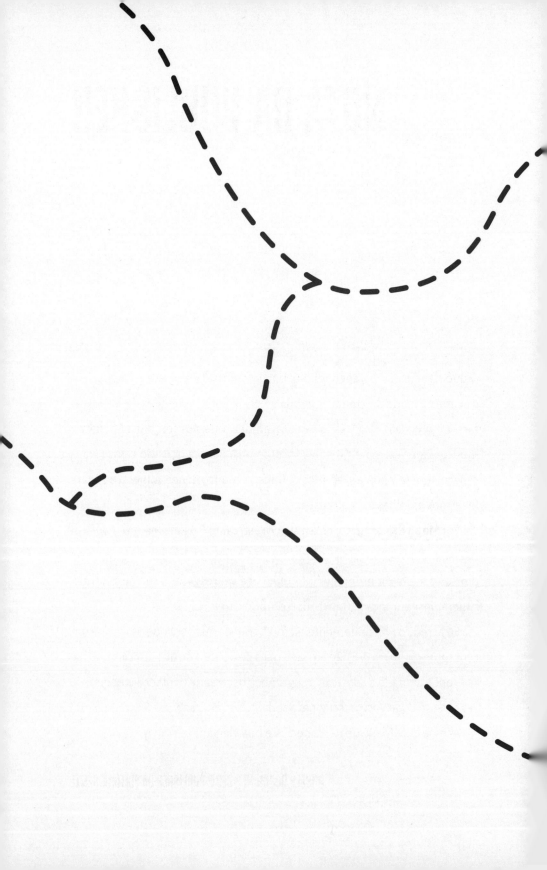

DEDICATÓRIA

Dedico este livro à força inegável das mulheres.

Homens, sejam bem-vindos. A leitura, assim como a coragem, é um alento para a alma de qualquer pessoa.

AGRADECIMENTOS

Carol Rocha, por ter girado a chave que revelou o propósito da minha vida. Sua sensibilidade foi capaz de acomodar todo o barulho que havia em mim quando eu me sentia perdida, fazendo milhões de coisas ao mesmo tempo, mas sem encontrar sentido em nada.

Minha filha, Mila, por ser o meu anjo da guarda e por topar todas as aventuras ao meu lado, mesmo as pouco convencionais. E por me dizer diariamente que estou fazendo dela uma menina corajosa.

Meus pais, meu alicerce, meu porto-seguro, por sempre me resgatarem e me ajudarem a sacudir a poeira quando a queda acontece. Afinal de contas, queda e coragem são amigos íntimos, de modo que conheci a lona inúmeras vezes.

Meus irmãos: Fernando, obrigada por me lembrar que as lonas da vida podem ser como o piso de um ringue ou a vela de um barco. Eu sempre escolherei a segunda opção e soprarei para seguir em frente! Franklin, meu caçula, obrigada por vibrar com cada conquista minha como se fossem suas. Fernanda, obrigada por compartilhar sua forma de enxergar Deus, e me mostrar que Ele sempre esteve tão pertinho de mim, durante toda a minha vida.

Amandinha, minha dupla de planos infalíveis, obrigada por emprestar o seu tempo e o seu talento aos meus sonhos.

Gustavo Passi, meu incentivador de seguir sonhos, obrigada por ter aberto as portas do mundo do podcast e por ter acreditado em mim.

Editora Gente, representada pela CEO Rosely Boschini, obrigada pela imersão de autoconhecimento disfarçada de Imersão Best-Seller. Vocês transformaram a minha vida!

Meus amigos, que não aguentam ver a palavra coragem sem tirar prints e fotos e enviar para mim: **este livro é por vocês!**

SUMÁRIO

12 PREFÁCIO

16 PRÓLOGO

22 INTRODUÇÃO: DE ONDE VEM ESSA TAL CORAGEM?

30 CAPÍTULO 1: A GENIALIDADE DO ROTEIRISTA

42 CAPÍTULO 2: O FUNDO DO POÇO É MAIS EMBAIXO DO QUE PARECE

54 CAPÍTULO 3: UM RECOMEÇO NECESSÁRIO

66 CAPÍTULO 4: UM NOVO DESAFIO SEMPRE CAI BEM

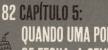

82 **CAPÍTULO 5:** QUANDO UMA PORTA SE FECHA, A GENTE ENTRA PELA JANELA

88 **CAPÍTULO 6:** O MEU VERDADEIRO COMBUSTÍVEL

94 **CAPÍTULO 7:** QUAL É O FILME DA SUA VIDA?

108 **CAPÍTULO 8:** VALORES SÃO GUIAS PARA UMA VIDA DE CORAGEM

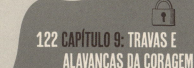

122 **CAPÍTULO 9:** TRAVAS E ALAVANCAS DA CORAGEM

160 **CAPÍTULO 10:** INSEGURANÇAS: ONDE MORAM, COM QUEM ANDAM E DO QUE SE ALIMENTAM?

168 **CAPÍTULO 11:** COMO DESENVOLVER AS FORÇAS DE CARÁTER DA CORAGEM

182 **CAPÍTULO 12:** ESCREVER CURA

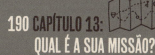

190 **CAPÍTULO 13:** QUAL É A SUA MISSÃO?

200 **CAPÍTULO 14:** O SEU PLANO DE VOO

214 **CONSIDERAÇÕES FINAIS:** O QUE EU APRENDI COM A CORAGEM

220 DEPOIS DO FIM

222 REFERÊNCIAS BIBLIOGRÁFICAS

Todos precisamos de coragem. Para mudar de cidade, para iniciar ou terminar um relacionamento, para começar um novo emprego ou para construir o próprio negócio. As pessoas podem vir de diferentes situações e contextos, com desafios ou privilégios particulares, mas o que todas têm em comum é a coragem de que necessitam para tomar decisões complexas.

Na verdade, somos corajosos até perante pequenas situações do dia a dia: para usar a roupa que queremos, para bancar aquela escolha profissional, para colaborar com a formação de um mundo melhor, dentro e fora das organizações.

E tem uma outra coisa que muitos indivíduos têm em comum: eles não conhecem a coragem dentro de si mesmos. Vemos outra pessoa tomando uma grande decisão e pensamos: "Que corajosa... queria ser assim" – mas será que já não somos? Será que ser corajoso significa a mesma coisa para todo mundo? Afinal, tem quem salte de paraquedas sem nem pestanejar, mas tem uma grande trava na hora de levantar a mão e expor a própria opinião em um encontro profissional.

Será mesmo que coragem é um dom reservado a poucos, somente para aquelas pessoas que se jogam de cabeça em tudo, sem hesitar nem olhar pra trás?

Não, até porque coragem não é isso.

Talvez você se surpreenda, mas o que Fabiane Maimone traz nesta obra é a prova de que o ato da coragem está muito longe de pular de um avião com a esperança de que o paraquedas vai abrir. Ela se assemelha muito mais a trapezistas, que tem onde e em quem segurar e, se algo der errado, possuem onde cair.

Cair, sim, pois quedas são inevitáveis. Quem age com coragem, eventualmente vai cair de vez em quando. Mas aí é que está a diferença entre quem desenvolve essa habilidade ou não: fica muito mais fácil se levantar, chacoalhar a poeira e partir para a próxima quando aterrissamos numa rede de segurança, concorda?

E agora entramos na palavra-chave desta viagem que será iniciada nas próximas páginas: segurança. Muito mais do que adquirir coragem, o que a autora deseja é que você aprenda a construir a própria segurança. Isso, sim, será o verdadeiro combustível do qual você precisa.

A pessoa que você é hoje é resultado de todas as experiências, conquistas e tropeços que vivenciou no passado. Seus valores e suas inseguranças são, no mesmo nível, alavancas e paralisadores, e ambos também foram criados ao longo de toda a sua vida.

Entender quem você é, a sua história, seus medos e seus pontos fortes é imprescindível para pavimentar um caminho de segurança até a sua coragem. E, confie em mim, uma vez que você se encontrar com ela, não terá mais volta: vocês estarão lado a lado para sempre. Mesmo em momentos de dúvida, a sua verdadeira coragem vai estar lá, mostrando a direção correta.

É por tudo isso que este livro da Fabiane é tão poderoso. Ela não vai repetir discursos prontos, de que "basta" soltar a respiração e se jogar de cabeça. Não, não. Esse Mapa que ela criou vai levar você a reflexões – e resultados – muito mais profundos e duradouros.

Cada parada dessa jornada é importante para o caminho final. Antes de aprender a voar com liberdade – e, claro, com coragem –, você precisa olhar para dentro de si, encontrar seus valores, formar uma rede de segurança, definir a sua missão, dizer "tchau" para as suas inseguranças e potencializar seus pontos fortes ao nível máximo.

E como toda boa guia de viagem, a autora compartilha, com sua conversa leve e despojada, todos os tapas que já tomou da vida. E ela teve medo, sim. Ela teve inseguranças, sim. Mas sabe o que ela também teve? A coragem de se levantar e de seguir, rumo à missão de vida dela.

Quer saber qual é o tesouro escondido no fim dessa jornada? É algo que nem todo o dinheiro do mundo consegue comprar: felicidade e liberdade.

Antes de passar o bastão para Fabiane, quero emprestar uma frase dela: "Não foi uma decisão fácil, mas decisões corajosas nunca são. Porém são elas que têm o poder de mudar a nossa vida".

Ler este livro é um desses momentos-chave da vida. Adianto que esse mergulho dentro de si não vai ser fácil, mas, ao emergir nesse mar de coragem, você verá que o oceano todo está à sua disposição.

Chegou a hora. Como em qualquer viagem, certifique-se de ter em mãos tudo de que vai precisar – caderno, caneta, marcadores de texto, notas adesivas, força de vontade. Respire fundo, e vire a página. Sua viagem rumo à construção de segurança e acesso à coragem vai começar.

Boa jornada!

LUIZA HELENA TRAJANO, *presidente do Conselho de Administração do Magazine Luiza e do Grupo Mulheres do Brasil.*

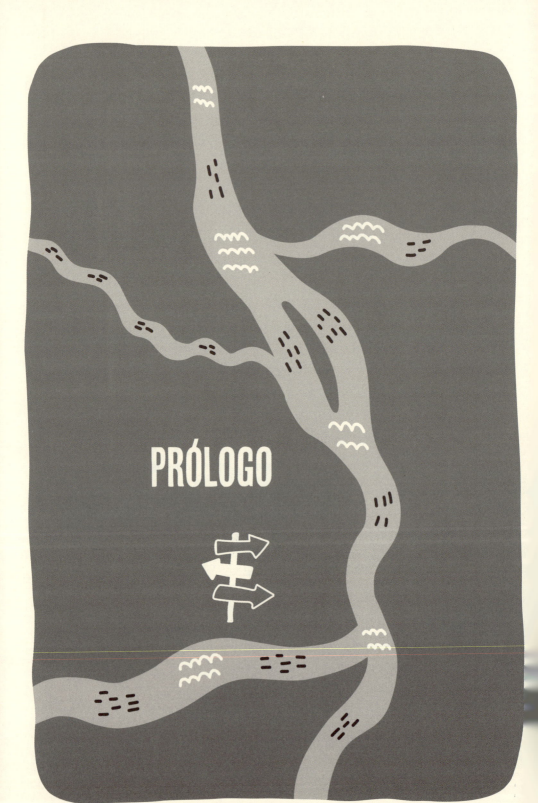

Ainda hoje (dia 5 de novembro de 2021) acordei me perguntando se eu deveria escrever este livro que agora está em suas mãos. Esse foi o dia que mais me perguntei se deveria de fato deixar uma carreira confortável e viver do meu propósito, que é dedicar a vida a ajudar as pessoas a desenvolverem e treinarem a própria coragem.

Eu me perguntava constantemente: *Por que eu preciso arrumar problema para a minha vida?* Afinal, depois de atravessar tantos furacões — falência, desemprego, endividamento, traição, maternidade solo, e a lista continua —, eu finalmente estava organizada financeiramente, com um trabalho reconhecido no mercado de cenografia nacional, e com tudo funcionando tão "direitinho" na minha vida.

Que agonia é essa que não me deixa sossegar e ter uma vida "normal", igual a todo mundo? Por que começar tudo do zero *de novo* e embarcar nesse propósito maluco de coragem, se eu nem sei explicar direito às pessoas como eu vou fazer dar certo tudo isso que borbulha dentro de mim?

Para contextualizar você, querido leitor, no momento em que comecei a escrever este livro, lá em 2021, eu era diretora-executiva da empresa responsável pela execução cenográfica do Faustão na Band; do Parque da Mônica de São Paulo; de réplicas oficiais de cenários dos filmes da saga Harry Potter com a CCXP, no Brasil e depois na Alemanha; da Tapera da Juma, da novela *Pantanal*, no próprio Pantanal e nos Estúdios Globo; do programa *Conversa com Bial*, e de mais um montão de cenários legais — daria um livro inteiro só contando o que já negociei e ajudei a construir.

Então, trocar o tangível — construir um cenário físico, palpável, tocável — pelo intangível — ajudar pessoas a desenvolverem e treinarem a própria coragem — exigia de mim mais do que o ímpeto da coragem. Exigia construção de segurança.

Eu comecei este texto contando o dia exato que mais me perguntei se deveria trocar uma coisa pela outra. Você por acaso se lembra do que estava fazendo no dia 5 de novembro de 2021? Provavelmente não. Mas eu nunca vou esquecer. Imagine se, exatamente nesse dia, você tivesse acordado com uma sensação de que nada do que estava fazendo tinha relação com quem você é de verdade, que uma urgência em viver plenamente o seu propósito estava lhe sufocando, e, ao aguardar a decolagem de um voo, exatamente às 17h50, recebesse a seguinte notícia:

"Marília Mendonça acaba de morrer num acidente aéreo."

Marília Mendonça, cantora, 26 anos. No auge da vida. No auge da carreira. No auge da autoestima. No auge da maternidade. No auge.

Eu estava em um avião. *E se fosse eu?* Simplesmente morreria levando comigo a missão espiritual que Deus confiou a mim? Porque é exatamente assim que eu entendo o meu propósito hoje.

Ainda em solo, entrei em um looping de ansiedade, enquanto me questionava sem parar: *Qual seria a hora certa para a Marília compartilhar com o mundo o seu talento e a sua missão?* Seria egoísmo dela guardar para si a sua voz e não nos presentear com tantas canções inesquecíveis? Você pode até não gostar do estilo que ela cantava, mas o talento era inegável. Ela tocou muita gente profundamente, e deixou o seu legado.

Para mim, Marília deixou um legado maior do que as músicas. Marília me deixou um senso de urgência aguçado. A sua morte precoce me trouxe uma pontada no peito e uma certeza vital: a vida é agora. Não tem depois. Existe só o agora. Depois eu posso estar morta, e eu não vou morrer sem ajudar você a desenvolver e treinar a sua coragem. Aquela que liberta, a que permite voar alto e, ao mesmo tempo, mostra como aterrissar em segurança, mesmo nas situações mais difíceis.

Já pensou sobre isso? Sobre a brevidade da vida? Sobre o que você tem feito dela? E sobre como a coragem poderia lhe dar o combustível que falta para realizar tudo o que deseja?

Não preciso nem dizer que eu fiquei bem maluca. Me deu vontade de pedir demissão na hora. Cheguei a escrever uma carta de despedida para os clientes, queria dizer a todo mundo que eu não ia mais fazer cenário nenhum, que ia viver do meu propósito, que esse chamado era urgente, que eu não tinha mais tempo a perder, que mesmo sem ter clareza sobre o que e como eu ia fazer, eu simplesmente ia. Assim mesmo, sem ponto, sem fôlego, sem pensar muito... e sem segurança.

Sabe qual foi a minha sorte? Eu aprendi que coragem é construção de segurança, e que o contrário disso é precipitação, ímpeto, ansiedade. Afobação mesmo. E como uma boa aluna, eu não podia ir de encontro a tudo o que eu tinha aprendido, certo?

Hoje em dia eu tenho duas "Fabianes" dentro de mim, que combatem diariamente: uma viveu precipitada a vida inteira, a outra aprendeu a construir segurança. Quando uma quer fechar o olho e se jogar, a outra mantém o discernimento e só faz uma pergunta:

— Se você for e cair, tem uma rede embaixo para te segurar?

Se tiver, se jogue. Se não, repense.

E acredite você ou não, essa pergunta muda absolutamente tudo na nossa vida com relação ao nosso entendimento de coragem. E é sobre isso que eu vou contar ao longo deste livro. Vou mostrar pra você qual foi o caminho que eu percorri para chegar nesse entendimento que mudou a minha vida e que vai mudar a sua.

Para deixar claro: este livro não é sobre mim; ele é sobre você. A minha história vai servir apenas como pano de fundo para facilitar o percurso, para ajudar você a refletir nas paradas que proponho pelo caminho.

Vamos juntos?

Então aperte os cintos, pois nós vamos viajar! Seja bem-vindo ao *Mapa da coragem*!

Para deixar claro:
este livro
não é sobre mim;
ele é sobre você.

 @FABIMAIMONE

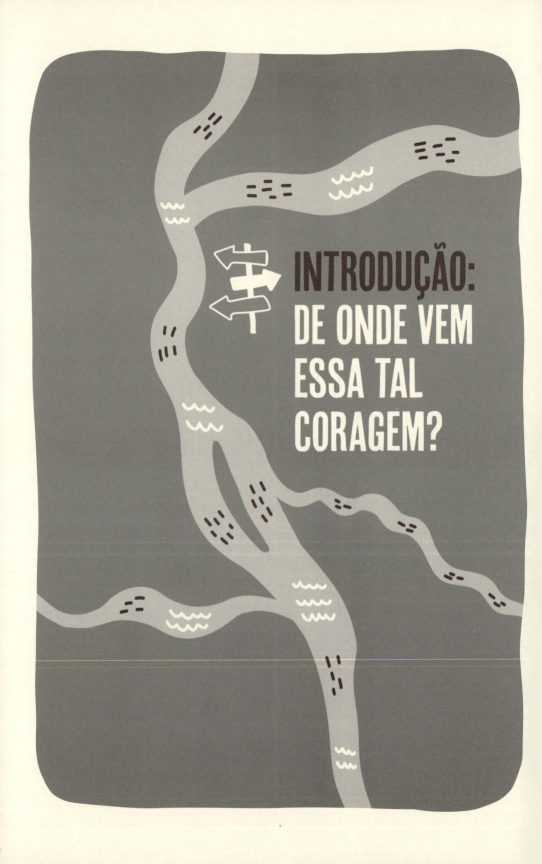

Faz um tempo que comecei a me incomodar muito com frases do tipo: "Você pode sair desse relacionamento falido a hora que quiser, basta ter coragem" ou "Ser corajoso é deixar de se vitimizar diante dos problemas".

Automaticamente eu ficava indignada e relacionava esse tipo de frase com "Você pode pagar esse boleto, basta ter dinheiro". Sim, eu sei que eu *só* preciso de dinheiro para pagar o boleto, o problema é que eu *não tenho* dinheiro. Então preciso de ajuda para aprender a *fazer* dinheiro, e não de uma frase óbvia que só me gera mais ansiedade e faz eu me sentir uma idiota, uma incompetente, como se fosse tão fácil fazer dinheiro e todo mundo soubesse disso, menos eu.

Para mim, falar para uma pessoa, que está nitidamente afogada em inseguranças, que "basta" ela ter coragem para virar o jogo é tão sem noção quanto falar para um endividado que basta ele ter dinheiro para pagar as dívidas. Então, por favor, vamos parar com isso. Se você quer se ajudar, ou ajudar alguém, a ter coragem, entenda desde já que coragem é construção de segurança e que existem caminhos possíveis para realizar essa construção. Ela não é um dom divino que a pessoa acessa a qualquer hora.

Para compreender melhor a proposta deste livro, pense em um trapezista durante uma apresentação de circo. O que normalmente tem embaixo dele? Uma rede de segurança. É essa rede que permite voos altos entre uma barra e outra, por meio de manobras corajosas. Os trapezistas sabem que, se caírem, estarão seguros. Tal qual no trapézio, é assim que funciona a ação da coragem em todos nós: permite os voos mais altos, mas não impede a queda. Aliás, se formos corajosos o tempo todo, inevitavelmente vamos cair em algum momento. Queda e coragem são amigos íntimos, de longa data. A diferença é em que você cai. Tem chão de terra batida embaixo, como costumeiro nos circos, ou tem uma rede que segura que lhe protege?

No que é mais sensato cair?

Vamos combinar uma coisa desde já: coragem sem segurança é afobação. É precipitação. É ansiedade. É ímpeto. Chame do que quiser, mas não de coragem. Um trapezista que se apresenta sem rede de segurança é irresponsável, não corajoso. Ninguém vai ao circo para assistir a um acidente grave. No circo e na vida, ter uma rede de segurança é fundamental para sair vivo das quedas e livre para tentar de novo.

Agora leve essa ideia do circo para a sua vida. Quantas vezes você achou que estava sendo supercorajoso e, na verdade, estava sendo precipitado? Achou que finalmente seria livre e tornou-se ainda mais prisioneiro?

Será que você tem tomado as rédeas da sua vida, mesmo sem saber cavalgar e para onde ir, ou está simplesmente levando tudo no automático, completamente paralisado? Qual dos dois cenários corresponde à sua realidade?

Reconhecer o seu perfil atual é imprescindível para que você tire o máximo de proveito deste livro. Então, para ajudar nesse reconhecimento, pare um pouco e reflita sobre os três perfis de comportamento predominantes, sob o ponto de vista da coragem:

> **SEM CORAGEM:** vive acovardado, conformado e sem brilho;
> **COM CORAGEM, MAS SEM SEGURANÇA:** vive afobado, precipitado e ansioso;
> **COM CORAGEM E COM SEGURANÇA:** vive a liberdade!

É claro que esses são perfis extremos. É bem possível que você esteja posicionado no meio do caminho entre eles, sendo muito corajoso em algumas áreas da vida, porém zero corajoso em outras. Isso é extremamente comum de acontecer... mas, por que será?

Vou contar um caso que presenciei em 2020 que virou completamente a chave na minha cabeça. Foi esse acontecimento que me fez mergulhar no estudo aprofundado do conceito de coragem como construção de segurança.

Eu estava participando de um evento com a Editora Gente, chamado Imersão Best-Seller, no qual os integrantes mergulham no ecossistema dos livros, aprendem técnicas para formatar um bom projeto, compreendem métodos de escrita... enfim, essa imersão tinha como proposta nos proporcionar as ferramentas ideais para termos segurança para escrever os próprios livros.

Acontece que nem todo mundo, inclusive eu, saiu desses encontros com coragem o suficiente para publicar um livro naquele momento. Um colega, em especial, chamou muito a minha atenção no último dia do curso. O nome dele é Ícaro Samuel,[1] ele é médico cirurgião plástico, e dividiu conosco que não faria o livro naquele momento, pois ainda não tinha coragem de publicar. Ao ouvir isso, minha mente deu um tilte completo: *Como assim esse cara tem coragem de passar um bisturi na barriga das pessoas, mas não tem coragem de fazer uma cachoeira de letrinhas num papel?*

E, como num passe de mágica, naquele momento apareceu uma revelação na minha cabeça que mudou a minha vida para sempre: *Ele tem coragem de realizar as*

---

1 A propósito, o Dr. Ícaro Samuel construiu a sua segurança, teve coragem e lançou o livro *Ame-se! Você em primeiro lugar* (Gente) em 2022, dois anos após a imersão.

cirurgias porque na medicina ele está seguro. Porém, no mundo dos livros, ele ainda não está. Então, para ter coragem é preciso ter segurança. Coragem, de fato, é construção de segurança.

Essa foi a minha conclusão. Por mais que possa parecer óbvio agora, ali foi como se eu tivesse colocado a última peça do quebra-cabeça da minha existência. Eu andei muitos anos em círculos porque não compreendia que a coragem que muitos viam em mim era, na realidade, precipitação, ímpeto. Eu simplesmente ia, e as pessoas achavam muito legal essa coragem *fake*. Sempre fui meio "carreta desgovernada", e entender que eu podia treinar esse ímpeto e transformá-lo em força para tramar uma rede de segurança mudou completamente a minha vida.

Então, foi a partir desse entendimento que eu iniciei uma busca desenfreada para ligar os pontos: Qual é o caminho mais rápido e possível para construir segurança? Quem já está falando sobre isso? Qual é a interpretação acadêmica, cultural, contextual, científica, espiritual e filosófica para o processo de construção de segurança? Por que não estamos ensinando, no currículo escolar, as nossas crianças a construírem segurança de maneira consciente? Por que, de modo geral, não nos interessamos em identificar, reconhecer e investigar as nossas inseguranças? Por que vivemos no piloto automático?

Muitas perguntas passaram a fazer parte do meu mundo, que antes era composto basicamente de respostas. Eu vivia no modo "ouvir para responder", "trabalhar para ganhar dinheiro", "viver para pagar os boletos" — e, eventualmente, fazer uma viagem aqui, outra ali. Ou seja, vivia sem estratégia, atolada nas tarefas cotidianas, lotada de prioridades que me levariam ao lugar que acreditei a vida toda ser o objetivo principal da vida de todos: ter uma casa própria na cidade e, com sorte, uma casa própria na praia, um carro, formar uma família, viver com as contas em dia — e algum dinheiro sobrando — e, de vez em quando, contribuir para algum projeto solidário. Basicamente, meu roteiro de vida era esperar o dia de partir deste plano para o próximo.

Quem eu levaria comigo, de fora do meu núcleo familiar, nessa jornada protocolar da vida: não me interessava. Como a minha presença neste plano contribuiria para fazer do mundo um lugar melhor: também não me interessava. Quantas vidas eu poderia tocar a partir do compartilhamento do meu conhecimento: não me interessava. Nada fora da minha bolha me interessava. **Eu vivia no automático, fazendo exatamente o que todo mundo do meu mundo fazia: cumprir o protocolo da vida, sem pensar se havia "algo mais".**

No passado, eu conseguia viver assim porque ainda não tinha nenhuma clareza sobre o meu propósito nesta vida. Acontece que ver é irreversível. Uma vez que você viu, não tem como desver. Então, ao entender claramente qual é o meu propósito, dois anos atrás, quando, através de um feedback, tive uma epifania — que é um súbito pensamento inspirador e iluminado que promove a compreensão de alguma coisa —, não tinha mais volta. No meu caso, tal consciência promoveu a compreensão de todas as coisas. Eu compreendi até por que Deus permitiu que eu vivesse tantos desafios. É como se tudo, magicamente, passasse a fazer sentido, como num filme de suspense, quando chega o momento da revelação e tudo se encaixa perfeitamente, fazendo você ficar de queixo caído com a genialidade do roteirista. Ou como em uma caça ao tesouro, quando as dicas do mapa fazem sentido e levam você até o que tanto buscava.

Dito tudo isso, o convite que eu faço a partir de agora é que você leia as próximas páginas com o coração aberto e a mente disponível para refletir. Como falei anteriormente, vou contar a minha história apenas para servir como pano de fundo e para me ajudar na construção linear de como as peças do quebra-cabeça da minha vida foram encaixadas. É impressionante como muitas lições valiosas ficaram completamente ocultas do meu consciente durante todos esses anos. Eu andava ocupada demais, começando e recomeçando, remoendo e reclamando de tudo o que acontecia... "sem tempo" para me dar ao luxo de parar e refletir sobre o que quer que fosse. Só pude perceber o aprendizado por trás do que vivi quando comecei a estudar profundamente o conceito de construção de segurança — e isso aconteceu há pouco tempo, quando finalmente consegui ligar os pontos práticos com as teorias comprovadas e disponíveis para quem quiser adquirir conhecimento.

Quero dizer também que eu estruturei este livro com base em três pilares: **experiência pessoal, conhecimento teórico específico e estudo de casos**, de modo que todo o conteúdo disponível nas páginas a seguir tem o meu olhar, a minha curadoria e interpretação, mas também tem o respaldo de grandes histórias e autores, que dedicam a vida aos temas que tratarei aqui.

E como acredito em transparência, e para continuarmos alinhando as expectativas, é importante dizer: não existe uma camisa tamanho único que caiba em todo mundo. Então esta obra não traz um método ou determinado número de passos que você deve percorrer para ser uma pessoa mais corajosa. Principalmente porque você não "tem que" nada. Afinal, somos todos livres para pensar e agir do jeito que funciona para cada um de nós.

O *Mapa da coragem* é baseado no meu caminho de construção de segurança real para servir como um ponto de partida possível para a sua caminhada. Quero ajudar você a encontrar possibilidades, a enxergar novas trajetórias e a mudar a sua vida em busca do seu desejo. Mas a minha história não está aqui para determinar um passo a passo de como chegar lá, até porque esse "lá" não é o mesmo para todos nós, concorda?

Expectativas alinhadas? Então, vamos juntos?

> ANTES DE COMEÇAR O CAPÍTULO 1, QUERO QUE VOCÊ IMAGINE QUE É A IVETE SANGALO QUEM ESTÁ CONTANDO ESSA HISTÓRIA, COM AQUELE LINDO SOTAQUE BAIANO E UMA VOZ BEM GRAVE. É A MESMA DICA QUE DEI NO MEU PRIMEIRO LIVRO, **NÃO FAÇA O QUE EU FIZ: BASEADO EM UM FRACASSO REAL** (2020), E FUNCIONOU MUITO BEM PARA QUEM NÃO CONHECE A MINHA VOZ. VOU CONTAR VÁRIOS CASOS, ENTÃO JÁ PODE ENTRAR NO CLIMA ENQUANTO LÊ E SONHAR QUE ESTÁ TOMANDO UMA CERVEJINHA E TROCANDO IDEIAS COM A IVETE!

Seja bem-vindo à primeira parada do seu Mapa!

Quero ajudar você a encontrar possibilidades, a enxergar novas trajetórias e a mudar a sua vida em busca do seu desejo.

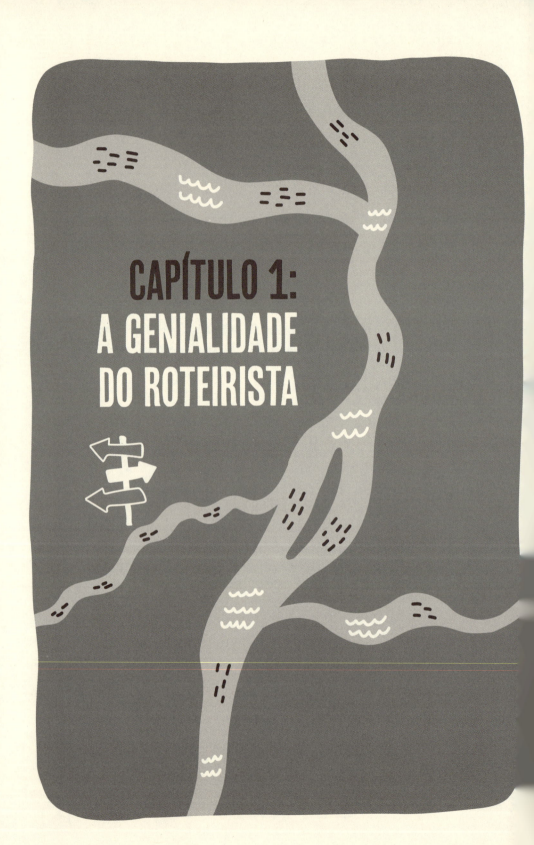

Estou olhando para a tela do computador, sem digitar uma letrinha sequer, faz mais ou menos trinta minutos. Neste momento, tenho 37 anos e estou revisitando na memória as principais cenas da minha vida para conseguir criar um roteiro que desperte interesse em você e faça sentido para suas reflexões.

Escrever o roteiro que nos trouxe até aqui é uma tarefa interessante, porque nos ajuda a amarrar os pontos, fazendo conexões entre os acontecimentos da vida. Parafraseando meu amigo Arquimedes, toda hora é uma "eureca" diferente: "Nossa! Então é por isso que eu fiz aquilo!". E assim as coisas vão fazendo sentido no quebra-cabeça da vida.

É um exercício que eu recomendo para iniciar o processo de construção de segurança – e faremos esse roteiro juntos alguns capítulos adiante. Pense comigo: não tem como um técnico de futebol criar uma excelente estratégia para vencer jogos se não conhecer o histórico, o talento, as inseguranças e os pontos fortes e os fracos dos seus jogadores, certo? Da mesma forma, não dá para você começar a construir segurança sem conhecer o seu histórico, o seu talento, as suas inseguranças, os seus pontos fortes e os fracos. Você precisa trazer à consciência o próprio processo para compreender o seu *modus operandi* mental e refletir sobre ele.

PARTE 1: COMO A INFÂNCIA INFLUENCIA NA VIDA ADULTA

Mas, voltando ao meu roteiro, eu estou me perguntando: *Começo com a primeira mudança de cidade aos 8 anos?*

E eu mesma respondo: *Não, muito longe*. Ninguém vai ter paciência para ler, e eu preciso ser ultracriativa para segurar você aqui comigo até o final deste livro para que compreenda o raciocínio completo que o levará até **o destino do Mapa: aprender a construir segurança para acessar a sua coragem.**

Porém, para contar por que minha filha de 10 anos já estudou em oito escolas, eu preciso contar que eu também estudei em sete escolas no meu período escolar (sim, ela bateu meu recorde!). Mas por que é importante eu compartilhar isso? Porque a gente tende a repetir padrões. Eu mudei muito de escola, de grupo de amigos, em plena adolescência. Então não vejo problema nenhum em minha filha fazer o mesmo.

Consegue perceber uma armadilha aí? Não é porque eu vivi certas coisas que devo naturalizá-las. A minha vida é a minha vida, a vida da minha filha é a vida da minha filha. Não deveríamos misturar as coisas, mas sabe o que acontece? A gente acaba misturando.

Então, para resumir o início da minha vida, vou escrever em tópicos somente para você acompanhar aonde eu quero chegar com esse roteiro:

1. Nasci em Jequié, no interior da Bahia e estudei numa escola chamada Mundo Infantil. Tenho dois irmãos mais velhos, gêmeos. Nessa época, tive a minha primeira melhor amiga, que se chamava Ludmilla. Morei na cidade por oito anos.

2. Meu pai, que trabalhava no Banco do Brasil, foi transferido de cidade pela primeira vez, e nos mudamos, os cinco (pai, mãe e os três filhos),

para Amargosa, também no interior da Bahia, e fomos estudar numa escola chamada CEA (Centro Educacional Amargosa). Nessa época, eu ainda mantinha contato com a Ludmilla através de cartas, e fiz mais duas grandes amigas, a Bia e a Fau. Morei um ano em Amargosa e, nesse tempo, minha mãe engravidou do 4º filho.

3. Então, eu, que já tinha sido separada da primeira melhor amiga, passei pela mesma coisa com outras duas melhores amigas. Minha mãe foi fazer o parto em Salvador porque meu irmão tinha um problema nos rins e precisava de uma cirurgia logo ao nascer, e meu pai foi transferido novamente, dessa vez para Senhor do Bonfim, também interior da Bahia. Lá eu estudei na Sacramentinas, e confesso que não me lembro de nenhuma grande amizade dessa época. A conclusão que tenho hoje sobre isso é que ter me separado de outras amigas foi um processo muito doloroso, de modo que eu não estava a fim de viver aquilo novamente. Ficamos nessa cidade por dois anos e meio e (o que não deveria ser minha surpresa) meu pai foi transferido novamente para Amargosa.

4. A essa altura, eu estava na metade da quarta série daquela época. Dessa vez, foi uma mudança muito mais fácil, porque voltei para um ambiente conhecido e para perto das minhas amigas.

5. Mas como o mal não dura para sempre, o bem também não: e lá fomos nós transferidos novamente, dessa vez para Cruz das Almas, também interior da Bahia, onde fiz algumas amizades. Uma delas, inclusive está presente na minha vida até hoje de maneira muito significativa, sendo a maior incentivadora desse Mapa não como torcedora, mas como alguém que teve a vida transformada pelo Programa de Desenvolvimento de Coragem que realizo atualmente, 24 anos depois que nos conhecemos. Mas contarei essa história quando chegar a hora. Lá eu morei por um ano e meio até chegar a hora de iniciar as mudanças da

minha vida não por causa das transferências do meu pai, mas porque eu estava crescendo, e meu rumo começava a ser traçado por conta própria, mesmo que eu tivesse apenas 14 anos.

Ao relembrar esse momento, e olhando para a minha filha com 10 anos hoje, me pergunto como meus pais tiveram coragem de me deixar morar sozinha em Salvador. Eram outros tempos, quando uma adolescente de 14 anos tinha uma segurança — ou pelo menos uma sensação dela — muito diferente da que temos hoje. Não existia celular e não existia internet para todo mundo, o que tornava o acompanhamento da minha vida pelos meus pais muito mais distante.

Essa experiência começou a forjar a minha coragem (ou acentuar a minha afobação?).

Funcionava mais ou menos assim: eu queria, eu fazia. Uma adolescente de 14 anos que tinha se acostumado a entrar e sair de diversas cidades e escolas, e que não precisava dar satisfação a ninguém — pelo menos não tão de perto — corria o risco de se tornar autoconfiante em excesso. Aliás, esse é o primeiro sinal de alerta do perfil que não queremos: o corajoso, mas sem segurança (o impetuoso, afobado, precipitado). E por que não queremos isso? Porque ele é o responsável por inúmeras quedas desnecessárias no nosso percurso. Eu mesma, como representante desse perfil durante quase uma vida inteira, posso atestar que tomei tantas quedas desnecessárias quanto incontáveis.

Você vai perceber se estiver seguindo por esse caminho da coragem sem segurança quando escrevermos juntos o roteiro da sua vida. Mas eu arrisco dizer que nem você tem clareza se está indo ou não, afinal, a vida simplesmente acontece, não é? A gente não tem o costume de analisar o que fazemos ou por que fazemos. A vida é quase um voo no piloto automático.

Você precisa trazer à consciência o próprio processo para compreender o seu *modus operandi* mental.

Porém, se eu estiver errada no meu palpite, e você já for do time que sabe que anda pelos caminhos da precipitação, eu sugiro que já comece a repensar a rota. Vai por mim: **aprender a construir segurança é mais fácil e mais inteligente do que lidar com as consequências da afobação.**

Outro ponto interessante de contar é que eu sempre tive o "queixo duro", como diria meu pai. Sempre fui muito questionadora, muito dona da minha verdade, e acredito que ele soube tirar proveito dessa personalidade muito bem (pelo menos era o que eu achava), me desafiando inúmeras vezes.

Para citar alguns exemplos: quando eu e meus irmãos éramos mais jovens, meu pai perguntava a todos nós o que gostaríamos de comer, mas só efetivava a compra no restaurante se eu ligasse e fizesse o pedido. Eu devia ter uns 8 para 9 anos nessa época. E, apesar de ter irmãos mais velhos, eles não eram tão "queixo duro" quanto eu, então não fazia muito sentido desafiá-los. Mas comigo era diferente: ou eu fazia ou ninguém comia. Eu ficava irritada, morria de vergonha, mas ligava! Outra coisa sempre presente nos nossos diálogos desde que me entendo por gente era:

— Pai, posso ir em tal lugar?

E ele respondia:

— Por mim você não vai, mas você quem sabe.

E adivinha? Eu sempre ia.

Em outra situação, com a família toda já morando em Salvador, meu pai decidiu pagar uma academia para minha mãe e meus irmãos mais velhos, mas disse em alto e bom som que não pagaria para mim. Se eu quisesse frequentar uma academia, era só eu trabalhar e pagar pela mensalidade. Ele tinha prazer em me desafiar, mas fazia sempre com muito afeto. No fundo, ele conhecia a filha que tem, desde pequena um caminhãozinho desgovernado, e entregava nas minhas mãos as chaves desse caminhão para eu mesma decidir para onde seguir.

Relembrar momentos em que fui desafiada por meu pai na infância e compreender a origem dessa característica em mim fez muito sentido para o quebra-cabeça de como eu construí parte do meu *modus operandi* mental. Eu tinha um prazer esquisito nos desafios. Eu me fechava no mundo e mergulhava de cabeça, absolutamente focada em fazer algo que alguém – que tivesse alguma importância para mim – me dissesse que eu não conseguiria fazer. O problema de manter esse comportamento na vida adulta é que eu mantinha um padrão muito elevado de desperdício de energia para realizar coisas que, na imensa maioria das vezes, não me levavam a lugar nenhum. É como se eu fosse uma eterna criança, querendo provar para o meu pai que eu era capaz de fazer qualquer coisa a que eu me dedicasse.

Consegue imaginar o que aconteceria comigo se eu não tivesse parado para analisar a minha vida e, assim, finalmente entendido a origem de fazer o que eu fazia e como fazia? Eu provavelmente continuaria levando uma vida inteira condicionada a provar para as pessoas que eu era capaz. E esse é um fardo pesado demais para se carregar. Eu abandonei esse peso em 2018, e me lembro exatamente do momento em que isso aconteceu.

Não sei como você funciona por aí, mas eu gostaria que você compreendesse a força presente na reflexão e no entendimento de passagens – mesmo as mais simples – da sua vida. É possível que você traga consigo comportamentos que atrapalham, e que, ao descobrir a origem deles, você consiga mandá-los embora.

E mesmo que não consiga se livrar de vez, pelo menos você passará a ter clareza sobre eles. Assim, fica muito mais fácil levar a questão para ser discutida em terapia, por exemplo. Nós não conseguimos resolver as questões que não conhecemos, portanto é fundamental ter clareza do nosso roteiro!

Mas, voltando à história, outra parte sensível do *modus operandi* mental que construí e mantive em pleno funcionamento durante muitos anos foi forjado em uma sequência de acontecimentos que, combinados, inflaram bastante o meu ego. E tudo isso me trouxe uma série de problemas que, inclusive, me levaram à bancarrota:

6. Cheguei em Salvador estudando num colégio chamado Marista, mudei para outro chamado Sartre para fazer o terceiro ano do ensino médio, completando aí o meu rolê em sete escolas, e onde conheci as minhas grandes amigas até hoje – um grupo de oito mulheres que se ajudam, se respeitam, e que são como a minha família, mesmo eu tendo feito outras quinze mudanças de cidade. Guarde essa informação, porque rede de apoio é um pilar fundamental na construção da segurança, e não necessariamente as pessoas que a formam precisam ser da sua família de sangue.
7. Passei de primeira no vestibular para comunicação com ênfase em jornalismo na Universidade Federal da Bahia, por onde sou formada.
8. Tive meu primeiro emprego aos 17 anos como vendedora em uma loja de roupas no shopping (para provar a meu pai que eu podia pagar a academia).
9. Tive meu segundo emprego na Central do Carnaval, principal empresa de entretenimento da época, onde desenvolvi uma carreira acelerada e muito importante para formar o meu pensamento profissional. Fui gerente de loja aos 19 anos, tive muitas responsabilidades nessa empresa, e muita coragem para encarar cada um dos desafios.
10. Fiz meu primeiro intercâmbio, para a Espanha, onde estudei um semestre da faculdade de comunicação na Universidade de Santiago de Compostela, e viajei por um bom pedaço da Europa.
11. Voltei para o Brasil, continuei a faculdade, voltei para a Central do Carnaval, entrei para um programa de TV na Band como repórter, depois também como editora-chefe. Voei de asa delta, saltei de

paraquedas, entrevistei e viajei com as maiores celebridades da Bahia, dei autógrafos.

12. Aos 23 anos, me formei, encerrei o contrato com o programa de TV e fui morar na Inglaterra para aprender a falar inglês porque queria trabalhar em uma multinacional. No fim, eu não aprendi a falar inglês, mas aprendi a fazer algo muito melhor: crepe.[2]

PARTE 2: UMA VIAGEM AO FUNDO DO POÇO

Bom, como você acha que eu era até aí? Uma recém-adulta, louca por desafios, querendo mostrar para todo mundo que era capaz de fazer qualquer coisa – e de fato conseguindo –, e com o ego batendo lá em cima. Esses anos da infância e juventude me deram o combustível perfeito para começar o meu primeiro negócio: uma creperia, numa "egotrip" insana que me levou a descer sem freios uma ladeira nada suave em direção ao fundo do poço.

Vou poupar você dos pormenores dessa parte, mas, caso queira conhecer todo o processo de como consegui a proeza de falir um restaurante em Salvador, com uma boa dose de erros inacreditáveis, é só buscar pelo livro *Não faça o que eu fiz*. Nessa obra, eu não poupo o leitor de nenhum detalhe, de modo que é possível entender claramente como as decisões pautadas no ego são potentes para levar alguém à falência. O lado bom desse negócio é que ele existe até hoje e transformou a vida de uma pessoa, mas para conhecer essa história, só lendo o *Não faça o que eu fiz*.

Em resumo: eu fali completamente. Fiquei bastante endividada e, no auge dessa crise, descobri que estava grávida (uma gestação não planejada, já que era um momento nada propício). Pelo menos, nessa época, o Peixe Urbano estava iniciando suas atividades no Brasil e, no fim do meu

---

[2] *Não faça o que eu fiz*, ok? Vale a pena recordar.

restaurante, eu consegui um pouco de dignidade. Eu e meu então namorado conseguimos um emprego na empresa e fizemos a implantação inicialmente em Salvador e, depois, em Aracaju, quando nos mudamos para lá. Foi um fôlego financeiro necessário, mas que durou por pouco tempo.

A gestão do Peixe Urbano mudou, a contratação entrou no regime de CLT e casais não podiam mais trabalhar juntos, de modo que um de nós dois precisou deixar o projeto. Adivinha quem saiu? Claro: a mulher, com um bebê, e com uma dívida no banco para pagar (e que poderia usar a rescisão para isso). Foi então que fiquei desempregada pela primeira vez na vida desde que comecei a trabalhar aos 17 anos.

Bom, se antes havia um ego inflado, depois de uma gravidez não planejada, falência, endividamento e desemprego, digamos que a bexiga do meu ego estava murchinha.

Logo depois que fiquei desempregada, começou a rolar um movimento de alguns dissidentes do Peixe Urbano para migrarem juntos para um novo negócio: expandir uma marca de colchões do Sul para o Nordeste. E como eu não tinha nenhum trabalho em mente no momento, claro que me envolvi nesse projeto.

Confesso a você que, enquanto conto a minha história, penso o tempo todo na Amandinha, minha *bat-dupla* de planos infalíveis, me dizendo, do jeitinho bem delicado dela:

— Ninguém quer saber da sua vida não, viu porra?

Mas como eu acredito que uma boa viagem, como a que estamos fazendo com esse Mapa, precisa de uma trilha sonora de acordo, peço que fique mais por aqui, pois vai valer a pena.

Rede de apoio é
um pilar fundamental
na construção da
segurança.

  @FABIMAIMONE

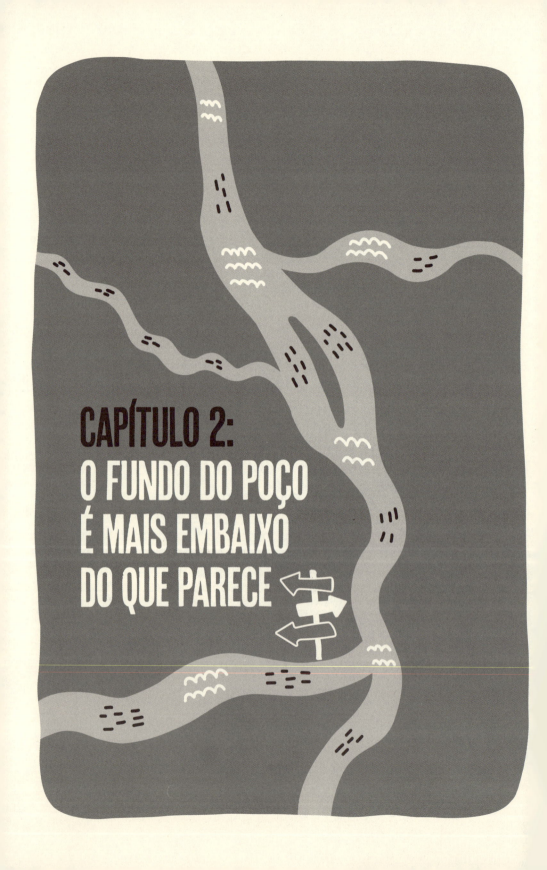

Bom, se você está aqui já temos uma coisa em comum: o gosto por uma boa resenha, troca de histórias e vivências, né? Então, segue o fio!

PARTE 3: A REVIRAVOLTA QUE VOLTOU AO MESMO LUGAR

Então eu me empolguei muito com a ideia da loja de colchões, pensei em abrir uma franquia da marca em Aracaju, com meu marido, com dinheiro de empréstimo e, assim, as coisas voltariam para o eixo.

Talvez você já tenha percebido, mas eu sou animadíssima com novidades. Mesmo se o mundo estiver caindo na minha cabeça, tenho por hábito acreditar que se eu canalizar a energia necessária, tudo sempre dará certo. Claro que nem sempre é "simples assim", mas faz parte do meu *modus operandi* mental. E, cá entre nós, os desafios ficam muito mais fáceis quando agimos com positividade. Mesmo com colchões que, à primeira vista, não são produtos empolgantes para vender, eu ainda era a mais entusiasmada das mulheres com a simples possibilidade de começar um novo negócio.

A verdade é que eu dava um nó na cabeça das pessoas. Ninguém entendia muito bem a lógica da minha intensidade. Tudo meu era muito ou, então, era nada; sem meio-termo. Se era para vender crepe, aquilo se tornava imediatamente o objetivo da minha vida, sem muita conta, sem muito planejamento e... sem muita segurança. Se era para vender colchão, a mesma coisa. Se era para apresentar programa de TV, a mesma coisa. Não importava qual era o rolê no momento, eu só tinha dois modos de trabalhar: exageradamente tudo ou exageradamente nada. Uma afobação louca e perigosa, que consumiu bons anos da minha vida, quando fiquei correndo atrás do rabo — já perdi as contas de quantas vezes ouvi a frase: "Você é oito ou oitenta".

Eu nunca consegui ser rasa em nada que fizesse e isso pode ser sim positivo. Sempre mergulhei de cabeça na profundidade. O problema é que, sem os equipamentos necessários e com pouco oxigênio, era impossível sustentar a performance. A precipitação nas escolhas e nas atitudes sempre foram a minha marca, e as pessoas associavam esse tipo de comportamento à coragem, de modo que sempre fui taxada de corajosa e achava o máximo — até descobrir, anos mais tarde, que estava fazendo tudo errado!

No auge da empolgação com a história dos colchões, a minha busca pelo tesouro encontrou mais um enorme obstáculo: descobri que estava sendo traída havia meses. Nessa hora, como você pode imaginar, o meu chão se abriu. Eu ainda estava falida, endividada, responsável por uma filha de 1 ano e 7 meses, com o corpo ainda modificado pela gravidez, e a cereja do bolo: estava desempregada. A história do colchão era uma promessa, mas não havia nada de concreto, sem falar que seria necessário fazer um empréstimo.

Hoje, analisando o passado, vejo que, com o conhecimento que possuo atualmente, eu poderia ter enfrentado cada desafio com bem menos sofrimento — mas, claro, o *modus operandi* de afobação tomou conta.

Para refletirmos um pouco sobre o seu meio de tomar decisões, me diga: O que você faria se estivesse passando por uma situação como essa? Antes de continuar a leitura, escreva nessas linhas cinco atitudes que você tomaria imediatamente para sair do fundo do poço.

_____
_____
_____
_____
_____

Vai por mim: o que você escreveu aí diz muito sobre o seu perfil com relação às atitudes que exigem coragem.

Agora, releia o que escreveu. Você conseguiu, nessas cinco atitudes, estruturar um plano de ação com passo 1, 2 e 3, por exemplo? Conseguiu deixar a emoção de lado e pensar estrategicamente como construiria sua segurança para sair de uma cilada como essa? Qual foi o seu primeiro pensamento? Foi emocional ou racional? Sentiu que tem disposição para agir imediatamente ou que está num beco sem saída, completamente paralisado?

É difícil pensar com lucidez no meio do caos, não é? Por isso, clarear na sua mente como estruturar um plano de ação para lidar com situações difíceis, para que você tenha segurança, e, portanto, coragem para agir, é a minha missão com este livro.

Como representante interina do modelo mental de afobação, precipitação e ansiedade, eu vou contar como eu organizei os meus pensamentos em apenas uma hora. Tudo isso aconteceu enquanto meu então "marido" estava jogando futebol e meus pensamentos estavam a milhão. Por mais que a vontade fosse simplesmente jogar tudo para o alto e sair correndo, eu sabia que não podia fazer isso. Eu precisava de um mínimo de organização nos pensamentos e da minha rede de apoio para então agir com coragem.

1. Por que eu vou continuar morando em Aracaju se não tenho nenhuma relação com a cidade?
2. Quais são as opções de cidade que eu tenho para o caso de eu querer ir embora daqui?
3. Para onde é mais fácil eu levar a franquia do colchão para começar a vender no modelo-maquete?
4. Como vou fazer para me manter financeiramente com as contas básicas para qualquer das opções que eu escolher?

Para decidir a cidade, meu primeiro passo foi fazer uma pesquisa sobre o potencial econômico de Vitória da Conquista. Por ser uma cidade do interior e eu nunca ter morado lá antes, entendi que seria mais fácil para recomeçar, inclusive longe de todo mundo, mas com um ponto de apoio específico: minha irmã. Pesquisa feita, entrei em contato com o responsável pela expansão da empresa de colchões, expliquei a minha situação e perguntei se eu poderia migrar os planos de Aracaju para Vitória da Conquista, e a resposta que eu tive foi: "Para onde você for, a franquia é sua".

O segundo passo foi acionar a minha rede de apoio: meus pais. Contei do ocorrido, falei que venderia colchões em Conquista e que precisava do apoio financeiro do meu pai com o aluguel, pois as demais despesas eu pagaria com as vendas. Por coincidência, minha mãe estava com a minha irmã enquanto eu falava com meu pai e, em dez minutos, recebi dele a seguinte notícia dela:

— Encontrei um apartamento para a Fabi no mesmo prédio da Fernanda. Já conversei com o dono e está disponível, vou fechar o contrato.

E, mais dez minutos depois:

— E acabei de conseguir um caminhão com aproveitamento de mudança. Diga a Fabiane para deixar tudo pronto, porque terça que vem o caminhão vai passar aí para pegar as coisas dela.

Estruturar um plano de ação para lidar com situações difíceis, para que você tenha segurança, e, portanto, coragem para agir, é a minha missão com este livro.

 @FABIMAIMONE

Isso era uma quarta-feira. Eu tinha menos de uma semana para formalizar a separação, empacotar uma casa inteira, resolver a devolução da casa alugada que estava no nome do meu pai e ir embora com minha filha de menos de 2 anos.

Quando o jogo de futebol finalmente acabou, eu comuniquei quatro coisas ao meu marido:

— Nosso casamento acabou.

— Vou devolver a casa. Eu e Mila estamos indo embora de Aracaju.

— Com o que você quer ficar aqui de casa?

— Quanto será a pensão de Mila?

E fim.

Foi assim que eu e minha bebê fomos embora juntas, para começar uma nova vida, com o coração lotado de esperança. Afinal de contas, se eu empregasse a energia certa, tudo daria certo... certo?

PARTE 4: HORA DE ACEITAR A VULNERABILIDADE

Se você estiver pensando: "Fabi, acho que estou começando a concordar com a Amandinha... pra que contar tudo da sua vida?". Bom, peço uma chance para tentar me defender, pode ser? Juro que vou dar mais motivos além de uma boa fofoca, fechado? Mas se você achar que já deu, sem problemas, a gente retoma a conversa lá no capítulo 7, combinado?

Em minha defesa, continuo batendo na mesma tecla que bati no começo: sem reconhecer a sua história, e os pormenores dela, fica muito difícil construir segurança. Se hoje eu estou aqui, escrevendo tudo isso para você, é por dois motivos:

1. Ao compreender cada detalhe da minha história, eu aprendi a reconhecer facilmente os meus gatilhos, entre tantas outras vantagens, e, assim, consigo impedir a imensa maioria deles de dispararem a qualquer momento.

2. Hoje, eu aceito a minha vulnerabilidade. E isso é um grande atalho no nosso caminho até a coragem.

É importante que você saiba que aceitar a vulnerabilidade é a sua maior medida de coragem. E isso não sou eu quem está dizendo, é a Brené Brown, a maior estudiosa de vulnerabilidade e coragem do mundo. Entre tantas obras publicadas sobre o tema, em *A coragem de ser imperfeito* (2016) ela diz o seguinte:

> *Vulnerabilidade não é algo bom nem mau: não é o que chamamos de emoção negativa nem sempre é uma luz, uma experiência positiva. Ela é o centro de todas as emoções e sensações. Sentir é estar vulnerável. Acreditar que vulnerabilidade seja fraqueza é o mesmo que acreditar que qualquer sentimento seja fraqueza. Abrir mão de nossas sensações por medo de que o custo seja muito alto significa nos afastar da única coisa que dá sentido e significado à vida. Nossa rejeição da vulnerabilidade deriva com frequência da associação que fazemos entre ela e as emoções sombrias, como o medo, a vergonha, o sofrimento, a tristeza e a decepção — sentimentos que não queremos abordar, mesmo quando afetam profundamente a maneira como vivemos, amamos, trabalhamos e até exercemos a liderança. O que muitos não conseguem entender, e que me consumiu uma década de pesquisa para descobrir, é que vulnerabilidade é também o berço das emoções e experiências que almejamos. Quando estamos vulneráveis é que nascem o amor, a aceitação, a alegria, a coragem, a empatia, a criatividade, a confiança e a autenticidade.*

Eu passei muito tempo travada, com receio de colocar desabafos, acontecimentos e sentimentos pessoais no papel. Sempre tive receio de que alguém lesse e descobrisse algum segredo meu e usasse aquilo contra mim de alguma maneira. Cheguei a escrever muitas vezes, mas em todas elas eu tomava o cuidado de rasgar (e molhar!) imediatamente, para ter certeza de que ninguém leria.

Como você pode perceber, eu me curei completamente desse medo. Eu aceitei ser vulnerável e, assim, acessei a minha coragem. Agora, cá estou, escrevendo não só para mim, mas desejando que tudo o que escrevi aqui seja lido pelo máximo de pessoas possível.

E sabe por quê? **Porque inseguranças existem para serem desfeitas. Vulnerabilidades existem para serem aceitas.**

E para fechar a minha defesa, quando eu começo algo, vou até o fim! Imagina a riqueza de entregar esse relato a um neto, para que ele conheça a avó vulnerável e corajosa que teve? Então, vem comigo nesses percalços do meu Mapa? Garanto que eles vão tornar o seu muito mais fácil de ser lido.

PARTE 5: PLANTANDO A SEMENTE DA CORAGEM

E lá estávamos eu e Mila, em Vitória da Conquista, em maio de 2013, percorrendo a cidade com uma mochila nas costas e um pedaço de colchão em mãos, usando toda a lábia do mundo para convencer ortopedistas e fisioterapeutas que o meu colchão era o melhor do planeta, e por isso o preço elevado era justificável.

Lembra do meu modelo mental de precipitação? Olha ele em ação de novo: havia uma galeria em fase final de construção que tinha lojas com vidros enormes, ideais para instalar uma comunicação visual ali. Eu não tinha dinheiro para abrir uma loja física, mas conseguia descolar a quantia para adesivar um vidro com um daquele "vem aí" e a marca da loja, o meu nome e o meu contato. Isso me daria respaldo para continuar vendendo de porta em porta, e quem sabe, por um milagre do destino, eu conseguiria de fato uma loja ali.

E assim aconteceu. Não, eu não abri a loja. Eu tinha zero dinheiro real para isso. Mas eu consegui convencer o proprietário da galeria de que era um excelente negócio para ele que eu fizesse a adesivagem. Afinal de contas, se ia dar a impressão de sucesso para mim, também ia dar a impressão de sucesso para ele. A galeria ainda nem tinha ficado pronta e já tinha loja "vendida".

Eu tentava me manter lúcida e confiante, até porque tinha uma filha pequena que dependia de mim, mas a verdade é que foram tempos bem difíceis. O clima em Conquista era frio, Mila ainda muito pequena e adoecia constantemente, os colchões não davam um retorno financeiro satisfatório e, já cansada de tudo aquilo, acabei indo até Salvador para conversar com uma pessoa importante da minha história. Ele era um dos sócios da Central do Carnaval, a primeira empresa que efetivamente acreditou em mim, e, por ser um empresário muito bem-sucedido, esperava dele uma boia salva-vidas, um direcionamento de qual caminho seguir, que me dissesse qualquer coisa que fosse capaz de trazer esperança para que eu continuasse naquela batalha para me refazer.

Eu contei a história inteira para ele, com todos os detalhes que você está vendo que eu gosto de contar, e ele me disse exatamente essa frase:

— Fabi, você é um *case* de coragem.

Oi? Entrei num misto de revolta e revelação.

Eu estou aqui na merda, falida, endividada, traída, separada, sem um real no bolso, sem perspectiva de porra nenhuma, e tudo que ele tem para me dizer é que eu sou um case *de coragem?*

Aliás, que porra de coragem é essa que todo mundo diz que tenho? Ouvi a vida inteira que eu era corajosa, como se fosse um dom divino que me foi concedido no meu nascimento, e francamente, eu não acredito nisso.

Mas, passada a emoção negativa do momento inicial, aquelas palavras jamais saíram do meu coração. "Você é um *case* de coragem."

Passei a me questionar: *Será que a coragem pode ser desenvolvida? Pode ser treinada? Por que tem gente que é corajosa, e tem quem não é? O que eu tenho de diferente, que as pessoas conseguem reconhecer, mas eu não faço a menor ideia do que seja?*

Essas perguntas rondavam a minha cabeça, mas ficaram adormecidas, já que eu estava ocupada demais com o modo sobrevivência. De qualquer maneira, tenho certeza de que a semente do livro que você está lendo hoje foi plantada por esse amigo há quase dez anos.

Será que a coragem pode ser desenvolvida? Pode ser treinada? Por que tem gente que é corajosa, e tem quem não é?

Fiquei nessa vida de colchão de maio de 2013 a outubro do mesmo ano, quando meu ex-sócio do restaurante me convidou para voltar para Salvador para assumir a posição de gerente de projetos especiais na Invent, uma agência de live marketing. Essa posição significava que eu deveria criar projetos e trazer novos negócios para a companhia – que tinha sido comprada por um grande grupo de comunicação da Bahia, e estava capitalizada para investir em novidades.

Agradeci e honrei tudo o que vivi durante o período que chamo de "meu deserto" em Vitória da Conquista, mas já tinha tido o suficiente daquela experiência sofredora (abrandada por dois grandes amigos, Aline e Lula), mas era hora de voltar para Salvador com minha filha, que tinha dois anos e pouco nessa época, e retomar a minha vida como eu gostava de vivê-la: perto dos amigos, feliz, e com um mundo de possibilidades e desafios pela frente.

Escolhi a escola de Mila, aluguei o meu apartamento (colado no muro da escola, pois sempre faço essa combinação para organizar a minha logística de mudança: trabalho – escola – casa. Escolho nessa ordem, para ter uma vida confortável, sem precisar perder horas no trânsito). E finalmente comecei a minha nova vida!

PARTE 6: COMO SER O EMPURRÃOZINHO CERTO

Logo no primeiro dia da nova posição, participei de uma reunião importante. 2014 era o ano da Copa do Mundo no Brasil, e precisávamos falar de Copa sem falar da Copa, afinal, a FIFA não permitia eventos não licenciados.

Foi a partir dessa reunião que a minha vida mudou para sempre.

Como falar de Copa sem falar da Copa? Era uma missão desafiadora. Mas é aquilo, né? Eu era chegada num desafio. Saí da reunião e sentei na minha cadeira para pesquisar o que poderia falar sobre esse tema, e encontrei uma imagem interessante: Neymarzinho, um novo personagem da Mauricio de Sousa Produções (MSP).

A Copa do Mundo ia acontecer no ano seguinte no Brasil, e o Neymar Jr. era a bola da vez. Eu poderia licenciar o personagem e construir um cenário para shopping center, por exemplo. Conseguiria falar de Copa sem falar da Copa, usando o personagem principal do evento, e uma marca gigantesca como a Mauricio de Sousa por trás. Era bom demais para ser verdade, né? E foi.

E dessa vez foi mesmo! Sem pegadinhas. Eu encontrei o e-mail da pessoa responsável pelo licenciamento do personagem, e escrevi assim:

— Vi que vocês têm o Neymarzinho... posso licenciar o personagem para um evento de shopping para a Copa?

E recebi a seguinte resposta:

— Que legal, pode sim.

Foi com esse pequeno e-mail que, pela primeira vez na história da empresa, alguém teve autorização da Mauricio de Sousa para licenciar um personagem e construir um cenário.

"Mas fácil assim, Fabi?", você pode estar me perguntando. Então, gostaria que refletisse sobre duas coisas nesse momento: existe a nossa proatividade e existe Deus alinhando tudo. Se a gente fizer a nossa parte, Ele cuida do restante. É só assim que eu consigo interpretar tudo que aconteceu a partir daí.

Eu enviei um e-mail frio (isso significa que não havia qualquer ponto em comum entre mim e quem quer que seja lá dentro) para uma empresa do porte da Mauricio de Sousa, pedindo para fazer um licenciamento, no momento em que a marca estava pensando em acabar com a operação da Oficina de Artes. Essa Oficina era responsável pela execução de cenografia dos eventos temáticos próprios, e por isso nunca haviam licenciado nenhum personagem para esse tipo trabalho. Para ter um cenário com a Turma da Mônica, quem criava, vendia e construía era a própria MSP. Enviar um e-mail, nesse exato momento, em que eles estavam muito mais receptivos a esse tipo de proposta, porque esse era um formato que já fazia parte dos novos planos da empresa, juntou fome e vontade de comer — unidos por uma pessoa que se arriscava em um novo trabalho.

As negociações avançaram, Amandinha criou um projeto em 3D incrível, que batizamos de Vila do Neymar Jr., e eu comecei a saga de vender o cenário e encontrar o fornecedor ideal para construir a cenografia desse projeto. Comecei por uma renomada empresa em São Paulo, que me cobrou centenas de milhares de reais — absurdos para a época —, orcei com a própria Oficina de Artes da MSP, mas eles só conseguiriam executar o projeto em 45 dias e eu só dispunha de 25. Quase sem opção, cheguei até a Da2o Cenografia, uma empresa baiana, liderada por André Cruz, que já fazia alguns trabalhos interessantes na área, como a execução cenográfica da supersérie *Amores roubados* da TV Globo.

Eu tinha muito medo de não conseguir entregar o cenário com a qualidade que a MSP exigia. Afinal, eu queria uma parceria longa com a empresa, então acertar nesse primeiro projeto era fundamental.

E acertamos. A Da2o entregou não só um cenário, como dois, em quinze dias, e pela metade do preço que a Oficina de Artes tinha cobrado. Essa combinação acabou evidenciando para a MSP que outras empresas podiam fazer o que a Oficina fazia, mantendo a mesma qualidade, com um custo muito menor, em muito menos tempo, e em maior escala.

O projeto foi um sucesso tão grande que ganhamos um prêmio, e o pai do Neymar Jr. perguntou à MSP se poderíamos doar uma Vila para o Instituto Neymar Jr., que ainda estava sendo construído em Praia Grande, litoral de São Paulo. Eu consegui articular essa doação, e eu e o André fomos com parte da equipe da Da2o para o Instituto montar o cenário doado.

Um ponto importante para levantar aqui é que o Sandro, meu ex-sócio, presidente da agência que eu trabalhava, acreditava muito no potencial da Da2o. Ele entendia que, se lapidada, a empresa poderia chegar muito longe, e compartilhava comigo o desejo de fazer uma sociedade com André.

Como eu acabei passando muito tempo com André por conta da Vila do Neymar, plantei essa semente da sociedade na cabeça dele, que também curtiu a ideia. Trocando em miúdos, tinha ali um flerte entre eles para que se tornassem sócios, mas nenhum dos dois dava o primeiro passo em direção a formalizar isso. Até que alguém – adivinha quem – decidiu dar esse passo por eles. Eu mesma.

Encomendei uma maquete da Vila do Neymar Jr. e fui entregar pessoalmente à turma da MSP, como agradecimento pela parceria no projeto. Era para ser apenas um pós-venda – lembra dela? –, mas virou meu portal para uma nova vida.

Durante a entrega do pós-venda, na sede da MSP, fui questionada se a empresa que executou a cenografia da Vila tinha condições para atender às demandas da Oficina de Artes, porque era um pedaço do *business* deles que estava em fase de remodelamento. E eu respondi:

Existe a nossa proatividade e existe Deus alinhando tudo. Se a gente fizer a nossa parte, Ele cuida do restante.

— Claro! Inclusive, a Invent acabou de comprar a Da2o!

(Encontre o erro na frase anterior.)

Na minha cabeça, não tinha erro nenhum, era uma jogada de mestre. Se Invent e Da2o já queriam ser sócias, agora não tinha mais volta. Começar um negócio com um cliente do porte da Mauricio de Sousa não era uma oportunidade a ser desperdiçada por causa de um papelzinho (ainda) não assinado.

Saí de lá com uma reunião marcada para apresentar a Da2o para a diretoria da MSP, a fim de que eles entendessem quem eram exatamente esses baianos que apareceram do além, que licenciaram pela primeira vez um personagem, construíram o cenário, ganharam um prêmio e fizeram uma doação para o Instituto.

Enfim, e lá fui eu para Salvador explicar aos dois o que eu tinha acabado de fazer, e o papo foi bem simples:

— Vocês queriam ser sócios, eu arrumei um cliente grande para começarem a sociedade. Em dez dias, nós três estaremos em São Paulo para apresentar a Da2o para que ela se torne a segunda Oficina de Artes da Mauricio de Sousa.

Parece doido, não é? Então agora é um bom momento para uma pausa na nossa história. Pensei aqui comigo: como você se apresentaria nessa reunião?

O desafio é o seguinte: você precisa fazer uma apresentação para um grupo de decisores de uma grande empresa, na qual o objetivo é convencer os chefões de que a empresa que você está representando tem condição de integrar o ecossistema deles.

Topa o desafio? Use essas linhas para escrever como você montaria a estratégia dessa reunião. Acredite: a sua maneira de pensar em como resolver essa situação diz muito sobre o seu perfil com relação às atitudes que exigem coragem. E é importante já começar a entender como ela funciona.

_____
_____
_____
_____

Não sei o que você escreveu aí, se é que escreveu alguma coisa, mas eu gostaria que, a partir de agora, para toda e qualquer situação da sua vida, você pensasse: **Como eu faço para estar mais seguro diante de uma situação que exige coragem?**

O exemplo da reunião talvez não se aproxime muito do seu cotidiano, mas o raciocínio por trás da construção de segurança, caso você queira convencer alguém de alguma coisa, é o mesmo, e você pode usar algumas perguntas-chave como pilares para estruturar argumentos para qualquer situação:

1. **IDENTIFICAÇÃO:** Quem eu preciso convencer?
2. **PERFIL:** Como é a pessoa que eu preciso convencer?
3. **OBJETIVO:** Do que eu preciso convencer?
4. **MEIO:** Como eu vou apresentar as ideias?
5. *TIMING*: Quanto tempo eu tenho?
6. **MENSAGEM PRINCIPAL:** Se eu tiver apenas cinco minutos para convencer alguém de algo, qual mensagem eu priorizo?
7. **REDE DE APOIO:** Quem pode me ajudar nessa missão?
8. **ELEMENTO SURPRESA:** Como eu posso surpreender?

Uma coisa é certa: se você fizer esse dever de casa antes de entrar numa conversa difícil, a sua sensação de segurança será infinitamente maior, e a probabilidade de se sair melhor será imensa. Fica aqui a minha dica: **não seja surpreendido. Surpreenda!**

Bom, eu fiz o meu dever de casa e, antes de partir para a reunião, sentei com minha *bat-dupla* Amandinha, e respondemos juntas às perguntas principais que estruturam o processo de convencimento.

1. **RECONHECIMENTO:** A pessoa que eu precisava convencer nessa reunião era o Mauro Takeda, filho do Mauricio de Sousa, diretor da MS Ao Vivo. Apesar de outros decisores estarem presentes, ele era o personagem principal.
2. **PERFIL:** Mauro é ator e músico de formação, e cuida da parte de eventos da Turma da Mônica. Resumindo, ele é o cara do "quem sabe, faz ao vivo".
3. **OBJETIVO:** Precisava convencer o Mauro de que a Da2o Cenografia era a melhor opção que ele tinha no mercado nacional de cenários para assumir as demandas excedentes da Oficina de Artes da MSP. Queríamos nos tornar a segunda oficina deles, e os nossos trabalhos passariam a ter o selo Mauricio de Sousa de qualidade.
4. **MEIO:** Se a Mauricio de Sousa é a maior ilustradora do país, a minha apresentação seria em slides ilustrados.

Se você estiver realmente seguro de alguma coisa que se preparou para fazer, siga meu conselho: tampe os ouvidos e não ouça mais ninguém. É impressionante como o exército da boa intenção aparece para jogar água no seu churrasco.

— Vocês estão loucas! Vão fazer uma apresentação ilustrada com bonequinho da internet para a maior ilustradora do país?

— Coragem, viu? Passar essa vergonha na frente da diretoria da Mauricio de Sousa.

Essas foram algumas das frases que ouvimos das "mentes brilhantes" que não tinham se ocupado de pensar em nenhuma estratégia para contribuir, mas tinham frases prontas na ponta da língua para descredibilizar a nossa ideia.

Mas eles não contavam que segurança + coragem é a combinação perfeita para encarar qualquer desafio, de modo que a gente só seguiu em frente com o nosso planejamento.

5. *TIMING:* Cinquenta minutos era o tempo indicado no convite da reunião.
6. **MENSAGEM PRINCIPAL:** A gente quer firmar um compromisso sério com eles. Haveria seriedade, disponibilidade, dedicação, amor em cada cenário que construíssemos juntos. Era como um pedido de casamento.
7. **REDE DE APOIO:** Antecipei que Amandinha colou comigo nessa missão, e foi ela a minha rede de apoio no processo.
8. **ELEMENTO SURPRESA:** A gente queria colocar uma interação ao vivo no meio da reunião. Se para o Mauro "quem sabe faz ao vivo", não existia forma melhor de surpreender.

Não preciso nem dizer que o exército da boa intenção já antecipou a nossa extrema-unção, né?

— Uma aeromoça entregar uma mala no meio da reunião consegue ser pior do que fazer uma apresentação com bonequinho de internet para a maior ilustradora do Brasil.

Mas nessa hora eu nem precisei do botão da coragem, porque liguei um outro no lugar: o do foda-se! "Quem vai apresentar sou eu, quem vai pagar mico sou eu, se poupem do trabalho que é vomitar a insegurança de vocês em cima de mim."

A criação normalmente é um time estrelado e premiado dentro de uma agência. E eu era uma recém-falida, que não tinha dado conta de vender crepe direito... como eu ia conseguir vender uma ideia grandiosa como essa para uma empresa como a MSP?

Sabe quantas vezes essa historinha de pobre coitada passou na minha cabeça? Nenhuma! Afinal de contas, se eu empregasse a energia certa, tudo daria certo. E deu!

Para resumir, a reunião aconteceu, a apresentação foi 100% ilustrada, e contava a história de uma menininha (eu) que tinha começado uma paquera à distância com menininho (MSP), mas que agora estava completamente apaixonada e que tinha uma proposta séria a fazer. O problema é que o detalhamento dessa proposta estava dentro de uma mala que tinha sido extraviada no voo, então a apresentação dela ficaria para uma próxima oportunidade.

No momento que eu acabei de falar isso, caiu uma mala de um aviãozinho desenhado na apresentação, e uma promotora, vestida de aeromoça, com uma mala na mão bateu na porta da reunião:

— Senhora Fabiane, a sua mala que foi extraviada acaba de chegar!

Eu entreguei a mala ao Mauro e, quando ele abriu, tinha uma claquete presa ao fundo escrito: *quer casar comigo?*

O que você acha que ele respondeu depois desse pedido?

Pois é, não foi somente o "sim" que ele tem tatuado no pescoço, ele também fez uma contraproposta:

— Eu não quero que vocês sejam a segunda Oficina da Mauricio. Eu quero que vocês sejam a primeira. E já precisamos começar a trabalhar no primeiro projeto.

E assim nós começamos uma nova aventura: executar a cenografia do maior Parque *indoor* da América Latina, o Parque da Mônica!

Esse é um daqueles dias que eu tenho guardado no meu potinho da coragem. Ouvir o Mauro falar que aquela tinha sido a melhor reunião que ele já tinha participado na vida "e olhe que já veio muita gente grande aqui!" foi mágico. Eu me lembro da sensação exata daquele momento, e guardei uma certeza: **se estiver segura, eu vou até o fim.**

Segurança + coragem
é a combinação
perfeita para encarar
qualquer desafio.

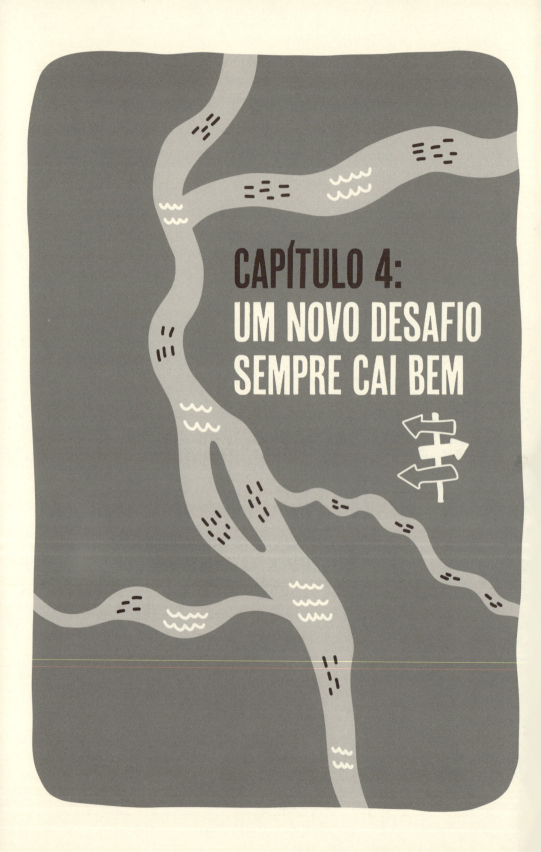

Eu me vi diante de um ponto de inflexão: fico em Salvador, como gerente de novos negócios da Invent, onde tenho rede de apoio e uma rotina razoável e conhecida, ou mudo com Mila, então com 3 anos, para São Paulo, e assumo a gestão executiva da obra do Parque da Mônica junto com André?

Veja bem, os últimos anos não tinham sido nada fáceis. Eu me sentia numa ilha deserta na qual, quando eu finalmente achava o tesouro do mapa, vinha uma nova montanha para subir, sem tempo de descanso.

Mas sabe o que eu pensava? "É só mais uma montanha, vai, você aguenta!". E tudo que eu mais queria na vida era ir!

Na cabeça de Sandro era inconcebível eu ir sozinha para São Paulo, sem rede de apoio, com uma filha de três anos, para começar a trabalhar num projeto sem nem saber o que era um metalon. (Se você também não sabe, não tem problema, mas, para contextualizar, era como seu eu estivesse indo trabalhar numa padaria e não soubesse o que era um pão. Metalon, *by the way*, é o principal insumo de ferro das estruturas da cenografia.)

Convencido de que era uma loucura total eu ir, Sandro lançou mão de uma arma poderosa: ligou para meu pai em Aracaju, para ele me convencer a desistir dessa ideia. Mas a ligação não saiu como o esperado.

— Sandro, deixa ela ir. Fabiane está acostumada a tomar porrada. Se ela for e não der certo, a gente está aqui, e o máximo que vai acontecer é ela voltar para a nossa casa.

E é óbvio que eu fui, mas não sem antes providenciar um lembrete: tatuei "coragem" no meu braço, para lembrar sempre o motivo de ter me permitido viver esse desafio.

Se você está se perguntando como eu fui capaz de entrar de cabeça nesse projeto com uma filha pequena, acho importante explicar: o conforto da minha filha sempre veio antes do meu. Então a minha prioridade foi achar uma boa escola, uma excelente babá e um apartamento perfeito para nós duas.

Já conversei com muitas mães solos que se sentem completamente perdidas quando estão diante de situações difíceis, pois precisam pensar no bem-estar do filho antes de tudo e são tomadas por dúvidas e angústias. Antes de qualquer decisão, é preciso ter clareza mental para criar a estratégia adequada para cada caso. E para ajudar nisso, você pode começar listando as dificuldades e buscando soluções possíveis para cada uma delas. Sem clareza, tudo vira barulho mental.

PARTE 7: QUE COMECE NOSSA PRÓXIMA AVENTURA!

Tudo certo na Bahia, mudança confirmada; eu, André e Sandro estávamos alinhados. Iríamos iniciar as obras do Parque em fevereiro de 2015, porém havia uma questão gigante no meio do caminho.

A Oficina de Artes da MSP existia há muitos anos e vários funcionários de lá tinham, seguramente, mais de quinze anos de casa. O que isso significava? Que se a MSP fechasse a Oficina, todos eles estariam desempregados, a não ser que os colaboradores migrassem para a Da20 para trabalhar conosco no projeto do Parque da Mônica. Para a Da2o era um golaço, pois manteríamos o padrão MSP de qualidade e, ao juntar essas pessoas ao time da Da2o Bahia, montaríamos um exército imbatível.

Mas pensa comigo: De zero a dez, quanto você acha que a galera da Oficina estava nos odiando mortalmente? A gente tinha vindo do além para acabar com o emprego estável que eles tinham há muitos e muitos anos. Sabíamos que era nisso que eles estavam pensando.

Então nós precisávamos construir um outro pilar da coragem: a confiança! Era necessário convencê-los de que a história não era bem essa, mostrar para todos que estávamos no mesmo barco e que queríamos eles com a gente remando rumo a um futuro bem melhor.

Vamos aproveitar esse momento para falar um pouco sobre criar confiança com outras pessoas. Diante de uma situação como essa, como você faria para convencer os funcionários da Oficina de que estarem ao seu lado, confiando na sua palavra, era o melhor que poderiam fazer? Como você venderia a sua ideia e a sua postura da maneira mais corajosa e confiante?

_____

_____

_____

_____

Mais uma vez, acredite: a forma como você imaginou contornar essa situação diz muito sobre o seu *modus operandi* mental quando o assunto é ter coragem.

Você conseguiu pensar numa estratégia? Conseguiu posicionar o primeiro passo para, depois, desenrolar o resto? Ou não conseguiu pensar em nada? Como sua cabeça funcionou quando fiz o questionamento?

Coragem é aceitação de vulnerabilidade, lembra-se? Então, como espera conseguir criar uma conexão genuína com pessoas que estão numa posição absolutamente vulnerável sem aceitar a sua própria vulnerabilidade? Esse foi o meu primeiro pensamento.

Entre os colaboradores da Oficina, estavam chefes de família, pessoas acostumadas a ter o salário caindo no dia certo em suas contas. Garantiam o sustento da família e mantinham uma vida organizada a partir do emprego que tinham há anos.

Eu sabia o que era ficar sem emprego. Eu sabia o que era olhar para uma filha, com um colchão nas costas, e quase implorar para que alguém comprasse de mim. Eu conheci de perto esse medo de as coisas não darem certo. Então, sem dúvida, esse seria o caminho do meu discurso: conectar as nossas emoções para deixar claro que eu não estávamos lá para tirar o emprego de ninguém nem assumir papel de chefe. Eu conheci de perto a dor deles, e estaria com todo o meu coração ao lado deles nessa nova empreitada.

Mas nem só de emoção se vive um grande argumento, certo? Precisamos de técnica. E eu sempre usei a melhor, desde os tempos do *Não faça o que eu fiz*.

Já ouviu falar em Estado de Conexão? Se isso for novo para você, agora nunca mais se esqueça: **Estado de Conexão é uma forma organizada de mudar o estado de humor de uma pessoa (ou um grupo de pessoas), com o objetivo de deixá-la entusiasmada com uma ideia.** Funciona assim:

Crie uma narrativa que faça a pessoa sair de *indiferente* para **curioso**, de *curioso* para **receptivo** e de *receptivo* para **entusiasmado**. É essa mudança de humor que faz a gente comprar algo que não estava nos planos, por exemplo, tipo aqueles pacotes turísticos que você jamais imaginou que compraria, mas resolver dar de presente pra si mesmo (quem nunca?).

Juntei então a aceitação da minha vulnerabilidade com a técnica do Estado de Conexão, e comecei um discurso na Oficina de Artes:

— Quem aqui tem filho?

Quase todos levantaram a mão.

— Quem aqui tem filho e o cria sozinho?

Mais ou menos três deles levantaram a mão.

— Quem aqui tem filho, cria ele sozinho e já ficou desempregado?

Somente a dona Roseli levantou a mão.

— Pois é, dona Roseli, estamos juntas! Há alguns meses eu estava vivendo essa mesma situação. Agora eu estou em São Paulo, sozinha com a minha filha de 3 anos, com a oportunidade de construir o Parque da Mônica e dar um novo rumo para a minha vida. Mas não posso fazer isso sozinha. Eu preciso de uma rede de apoio, eu preciso de vocês. Então quero saber: Quem vem comigo?

Eu fui falando cada vez mais alto, perguntando se eu podia contar com eles, estiquei o braço, coloquei a mão no meio, e falei o que todo mundo que trabalha com cenografia fica entusiasmado ao ouvir:

— Quem vai me ajudar a construir esse parque coloca a mão aqui. Quando a obra acabar, vai ter um churrasco de comemoração!

Quantos deles você acha que vieram com a gente para o Parque? Apenas três ficaram de fora e pronto, problema resolvido!

Com o exército recrutado, era hora de Mila, eu e Ana, nossa maravilhosa babá, nos mudarmos para São Paulo, organizarmos a escola, a casa, e tudo mais que era necessário para começar a nova empreitada.

Em fevereiro de 2015 nós desembarcamos em São Paulo e eu comecei a aventura mais louca da minha vida. Eu nunca tinha usado um GPS e nem dirigido na cidade. Mas, no segundo dia de obra, André me deu a chave de um carro e falou: "Toma, peguei esse para você".

Oi? E eu faço o que com esse carro? Dirijo sozinha em São Paulo, de Interlagos até a Lapa, de noite, sem nunca ter usado um GPS na vida?

Se minha filha estivesse vendo eu escrever isso, ia dizer assim: "Oxe, não é tu a corajosa?". E, mais uma vez, eu fui, mesmo com medo, mas segura de mim. E, cá entre nós, eu arrasei!

> MAS A VIDA SEMPRE VEM PRA ENSINAR O QUE ACONTECE QUANDO A GENTE INFLA O EGO E ACHA QUE JÁ SABE TUDO. NO DIA SEGUINTE, LEVEI QUASE QUATRO HORAS PARA CHEGAR NO PARQUE, DE TANTO QUE ME PERDI. LIÇÕES QUE NUNCA MAIS ESQUECI: É PRECISO SABER A HORA DE ABAIXAR A BOLA, DOMAR A AUTOCONFIANÇA E PRESTAR ATENÇÃO A CADA PASSO.

PARTE 8: O PARQUE DA MÔNICA

As negociações do Parque aconteceram em dois meses mais ou menos. Como não havia projeto técnico do que seriam as atrações, o contrato foi assinado com uma grande verba, que deveria contemplar todos os projetos que a gente não sabia exatamente como eram. O tamanho do Parque? Aproximadamente 15.000 m², na época o maior parque indoor da América Latina.

Nós começamos o trabalho, a obra ia de vento em popa, até que André decidiu checar as contas do projeto, e falou a célebre frase para a nossa equipe que cuidava do financeiro:

— Vocês não estão vendo que vai faltar 600 mil reais para terminar essa obra, não?

Ainda hoje eu consigo sentir o peso dessa frase. A equipe financeira era composta de pessoas da confiança de Sandro, então olhar os números não era algo que eu ou André fazíamos rotineiramente.

Bom, o que se seguiu a partir daí foi que, depois de um estresse que eu não desejo para ninguém, Sandro preferiu deixar a sociedade que ainda não estava consolidada no papel. Já eu, apesar de ter vindo representando o lado dele na sociedade com a Da2o, decidi ficar e encarar o desafio até o fim.

"Eu vim para São Paulo construir o Parque e eu vou construir o Parque. Agora eu vou até perder o último dente." Era o que eu dizia para todo mundo que me perguntava por que eu não voltava para Salvador e continuava como Gerente de Projetos Especiais na Invent. Decidir ficar nesse contexto significava:

→ Não ter mais o respaldo da Invent no negócio;
→ Não ter segurança quanto ao recebimento do salário do próximo mês;
→ Não ter a menor ideia do que seria do futuro dali para frente. E eu tinha uma filha de 3 anos que eu criava sozinha.

À primeira vista era uma decisão incrivelmente difícil, porque a saída da Invent mexia nas minhas estruturas emocionais de segurança. Sandro tinha sido meu sócio, foi ele quem me deu a oportunidade de deixar o deserto. O que poderia fazer dali para frente sem ele?

Não foi uma decisão fácil, mas decisões corajosas nunca são. Porém são elas que têm o poder de mudar a nossa vida. E essa decisão mudou a minha.

Primeiro passo: parar de chorar. Segundo passo: abrir todas as nossas contas para o grupo investidor do Parque e provar por "a + b" que o dinheiro que havíamos recebido até aquele momento tinha sido empregado na obra, mas que as parcelas restantes não seriam suficientes para cobrir a projeção das despesas. Não havia nada desonesto. Eu respirei fundo e contei a verdade: o dinheiro não daria porque esse é um risco que todos correm quando não há um projeto executivo para a execução cenográfica, e eles entenderam isso.

Para resumir a ópera, conseguimos aditivar o contrato e o valor adicional seria o suficiente para honrar com todas as despesas da obra, mas não haveria lucro para a Da2o.

Quando eu e André acalmamos o coração com o adendo do contrato, sentamos na calçada do estacionamento do shopping SP Market e começamos um diálogo em *looping*:

— André, o que você vai fazer com a Da2o quando acabar o Parque? Eu vou colocar meu currículo embaixo do braço e vou ficar em São Paulo. Mas se você quiser ficar com a Da2o aqui, eu fico com você e a gente toca a empresa juntos.

E ele respondeu:

— Se você ficar, eu fico.

E começamos um looping de "se você ficar eu fico" por uns dez minutos. Era como se, ao repetir aquilo, a gente acreditasse que era possível enfrentarmos juntos todos os desafios que viriam a partir dali.

O contexto: eu e o André éramos dois duros. Nenhum dos dois tinha dinheiro guardado, nenhum dos dois tinha nada para oferecer a ninguém a não ser o nosso coração inteiro dedicado a qualquer coisa que a gente fizesse dali para frente. André tinha talento para a cenografia. E eu tinha talento para vender.

Enquanto André concentrava em executar a obra, eu passei a focar o futuro da Da2o em São Paulo, transformando o Parque em um showroom, prospectando possíveis futuros clientes, buscando uma nova sede e ampliando muito o meu *networking*.

> INCLUSIVE, FOI ASSIM QUE CONHECI A TURMA DO OMELETE, PROPRIETÁRIOS DA CCXP, MAIOR EVENTO GEEK DO MUNDO, QUE FOI O NOSSO PORTAL PARA TRABALHAR COM O DIRETOR DE ARTE DE HOLLYWOOD E PARA TERMOS A NOSSA EXPERIÊNCIA INTERNACIONAL, NA ALEMANHA, COM O HARRY POTTER.

No fim do projeto, com o dinheiro contadinho, ouvi de vários colaboradores que "Eles não queriam o dinheiro, mas queriam entregar o Parque". E aí eu entendi: coragem contagia pessoas em busca de um sonho. Segurança é transmitida dentro de um time que confia em si.

E então, em 4 de julho de 2015, como combinado, nós entregamos o Parque!

PARTE 9: OS MESES SEGUINTES

Como havia feito uma boa divulgação da Da2o durante as obras do Parque, saímos desse *job* com outros engatilhados – e o fato de a Mauricio de Sousa ter desmontado a Oficina de Artes deles e ter guardado todo seu acervo conosco garantiu a nossa sobrevivência por alguns meses. Mas, mesmo assim, a conta não fechava. Nossas despesas eram altíssimas, o galpão e toda a estrutura custavam muito dinheiro, sem contar todo o capital que ficava preso na compra de material. A gente trabalhava no almoço para pagar a janta, literalmente. Outro ponto é que nós levamos todo mundo conosco nessa nova fase. Não tinha como abrir mão daquelas pessoas que não abriram mão de nós quando mais precisamos. Mas a verdade é que a gente não tinha condição financeira de sustentar todas as despesas que pesavam nas nossas costas naquele momento.

Os meses foram passando, eu e o André fomos abrindo dívidas para lá e para cá. Em novembro de 2015, nós pegamos um trabalho novo e foi a nossa derrocada de vez. Cobramos mal, tivemos problemas com o fluxo de pagamento combinado, com a entrega das peças e tudo foi por água abaixo.

Naquele ponto, eu e o André tivemos mais um diálogo em *looping*. Só que dessa vez não era para continuar com a empresa. Era para acabar.

—Chega, né? A gente tentou, fez tudo que pôde, mas não dá mais para continuar com isso.

E ele concordou. A partir dali, encerraríamos as atividades da Da2o em São Paulo e ele voltaria para a Bahia. Já para mim, a aventura terminava ali.

Com toda essa turma da Oficina de Artes, veio um dos caras mais incríveis que eu já conheci na minha vida: Junior. Ele tinha entrado na Oficina de Artes como menor aprendiz, já tinha quinze anos de casa e foi um dos que não abriu mão da gente nem por um minuto. Como ele tinha o Arthur, seu filho com Síndrome de Down e cardiopatia, nós decidimos que falaríamos com ele primeiro sobre o fim da empresa, para que ele pudesse se preparar para os dias que viriam a partir dali, principalmente porque perderia o plano de saúde, que era fundamental para o Arthur.

Abri o jogo com ele. Falei sobre o quanto fomos fortes e lutamos juntos bravamente para fazer tudo aquilo dar certo, mas que diante de todas as dívidas, continuar com a empresa era somente cavar ainda mais o nosso buraco.

Ele só ouviu.

No dia seguinte, lembro de abrir a conta da Da20 e ver 76 mil reais depositados lá. Uma conta que costumava estar zerada, do nada brotar com um valor desses, oito anos atrás, era uma grande surpresa.

Até que Junior entrou na nossa sala e falou assim:

— Eu não vou deixar acabar.

Ele tinha depositado a rescisão que havia recebido da MSP e suas economias numa empresa completamente falida.

Aquilo foi demais para mim. Eu não aguentei continuar no galpão e fui para casa processar tudo aquilo que tinha acontecido. Cheguei em casa, olhei para Mila com 4 anos na época, e não consegui compreender como alguém teria coragem de investir tudo que tinha numa empresa falida, tendo um filho que precisava de assistência médica constantemente. De onde vinha a certeza que ele tinha de que a gente ainda era capaz de fazer a Da20 dar certo? **A certeza vinha do fundo da alma dele.** ✈

Nesse dia eu não consegui dormir. Tive uma das maiores insônias da minha vida e durante a madrugada vi uma matéria que dizia: "*Velho Chico*, a próxima novela da Globo, será gravada na Bahia". André tinha feito *Amores roubados* pouco tempo antes, a Globo sabia da existência da Da20 e essa novela era a nossa chance de continuar no jogo. Resolvi acordar o André mesmo sendo 4 horas da manhã:

— André, *Velho Chico*, André! *Velho Chico* vai ser na Bahia!

Na hora ele não entendeu nada, obviamente, mas, no dia seguinte, ligou para todo mundo da Globo para saber quem era o time de cenografia responsável, até que chegou no Thomaz, assistente de direção de cenografia:

— Oi André! Que bom que você apareceu e está na Bahia, cara! Estou chegando em Salvador para a visita técnica da novela. Conseguimos falar no seu escritório às 11h?

— Claro! Às 11h estarei lá! Anota aí o endereço!

Encontre o erro, mas não tinha "erro" nenhum. A Da20 ainda tinha duas coisas fundamentais para fazer esse encontro acontecer: uma cela inativada que funcionava como escritório no Forte do Barbalho; e amigos em Salvador que podiam abrir a cela, passar um café e espalhar uns papéis enquanto André voava para Salvador para receber a equipe da novela.

Olhando tudo que aconteceu a partir daí, acredito que Junior tinha recebido uma ligação direta do Céu, antecipando tudo que aconteceria. Ele acreditava que tudo daria certo de um jeito tão profundo, num momento tão obscuro, que não vejo outra explicação para ele ter colocado o dinheiro dele numa empresa falida.

O fato é que esse dinheiro que ele colocou serviu muito mais para não desistirmos do que para gastarmos. O espaço de tempo entre ele depositar e a gente fechar um contrato excelente com a Globo foi de apenas quinze dias.

O trabalho com o *Velho Chico* foi um sucesso e os produtores da novela ficaram encantados com a nossa forma de trabalhar. Apelidaram a nossa equipe de sete ferramentas, de tão versátil que a turma era.

A gestora de produtores de cenografia até nos convidou para apresentar como treinávamos a nossa equipe. Mas quem disse que a gente treinava alguém? Quem treinou foi a vida, a falta de opção, a dureza que é fazer cenografia sem recursos. Mesmo assim aceitamos a proposta, preparamos um treinamento, colocamos todas as nossas experiências no papel e apresentamos o Método Três de Treinamento Cenográfico, que era baseado em uma pirâmide que categorizava as áreas da cenografia de maneira interconectada.

No fim do treinamento, encontramos Vanessa Salgado, produtora do *Caldeirão do Huck* e, no momento, do *Domingão*:

— Nossa, soube que vocês arrasaram na Bahia! Mas, vem cá, vocês não conhecem nenhuma empresa de cenografia boa em São Paulo não? Estou com dificuldades em atender a cenografia do Faustão lá!

Era música para os nossos ouvidos, né?

— Nós estamos em São Paulo, Van!

— Ué, vocês não estão na Bahia?

— Não! A gente está onde você precisar que a gente esteja!

E foi só chegar em São Paulo para os pedidos de orçamento para o Faustão pipocarem na minha caixa de e-mails. E, depois disso, para resumir a história, um tempo depois a Da20 Cenografia passou a ser a montadora oficial da TV Globo São Paulo, ganhou uma sala exclusiva no prédio da TV e, se você fosse lá nessa época, veria 64 funcionários uniformizados com a nossa marca.

Aí a gente decolou! 2016 e 2017 foram anos de prosperidade total, até que a máxima prevaleceu: "Se o mal não permanece, não é o bem que vai permanecer, né?".

E antes do combinado a Globo finalizou o nosso contrato. Foi um susto grande, claro, mas apesar do aperto financeiro, já tínhamos passado por situações piores e aprendemos com nossos erros. Fizemos todos os ajustes necessários para segurar os gastos o máximo possível e continuamos trabalhando, buscando projetos com nossa grande cartela de clientes.

Nesse momento estávamos com uma estrutura gigante, que se justificava com o contrato, que era receita fixa e suficiente. Sem o contrato, a gente precisava reduzir a operação drasticamente, começando por devolver um galpão, e assim fizemos. Gastamos muito dinheiro tanto para desfazer a operação da Globo, quanto para reduzir a estrutura, e financeiramente as coisas foram ficando difíceis de novo, mas nada comparado ao que já tínhamos enfrentado.

Em 2019 tivemos a nossa primeira experiência internacional com a CCXP na Alemanha, onde importamos o cenário oficial do Harry Potter. Na época, nós éramos a única empresa no mundo com licença para executar uma réplica oficial de um cenário do filme fora de Hollywood e dos Parques, e o nosso trabalho foi acompanhado pelo Alan Gilmore, diretor de arte de alguns filmes da saga.

Aquele foi um ano fundamental para mim, principalmente no que diz respeito à construção de segurança para ter coragem. Diante de tudo o que tinha vivido, eu me sentia mais serena, menos impetuosa, mais estratégica, mais segura de verdade. Sentia uma paz estranha, que não era comum no meu repertório de sentimentos. E eu não ignorei esse sentimento e quis experimentar um pouco mais dele. Foi quando decidi fazer um retiro de surf, yoga e meditação em Bali.

— Meditação? VOCÊ?

Ouvi isso de absolutamente todo mundo que ficava sabendo dos meus planos de fazer um retiro espiritual. Por que as pessoas têm tanta dificuldade em entender que as outras podem evoluir, melhorar, serenar? Minha vida tinha deixado de ser uma corrida sem fim, eu podia finalmente descansar de mim, e foi exatamente isso que fiz.

Então eu voei para o outro lado do planeta para me permitir silenciar. Eu queria me ouvir. *Quem era eu depois de tudo que eu tinha vivido? Do que eu gosto? O que é inegociável para mim? Como posso ser uma mãe melhor, uma mulher melhor, uma pessoa melhor?*

Nessa experiência em Bali, eu aprendi a surfar mesmo sem saber nadar, me conectei com a grandiosidade do mar. Era como se a minha coragem tivesse permitido que eu vencesse o mar. Se eu tiver coragem, eu posso vencer qualquer coisa nesse mundo. Também visualizei meu maior sonho, entregando um livro meu para o meu pai, que foi o nascimento do *Não faça o que eu fiz*.

Por último, mas não menos importante, num passeio de bicicleta que me causou muito medo e me deixou paralisada, o líder do grupo voltou para ver o que estava acontecendo comigo. Ali eu entendi que a rede de apoio é fundamental para ter coragem. Ele conseguiu me tirar do estado de paralisia e, como num passe de mágica, eu venci o medo, e consegui descer a ladeira e enfrentar as curvas, deixando o medo para trás.

Voltei de Bali decidida a terminar o livro que já procrastinava há tanto tempo. Aquela visão que tive durante a meditação precisava se realizar, e não tinha mais nenhum motivo para eu não assumir a minha vulnerabilidade. Eu me sentia livre, segura, pronta para compartilhar com quem quisesse ler tudo que vivi e aprendi com o fracasso.

Finalizei 2019 ganhando o Troféu Mauricio de Sousa, na Flórida, das mãos do próprio Mauricio de Sousa. Um prêmio que foi oferecido ao Junior, para que ele nunca se esqueça de que foi o cara responsável por não termos desistido. Terminei o meu livro e presenteei meu pai com ele e o trabalho com cenografia voava cada vez mais alto, com dezenas de novelas, várias CCXPs, todas as Game XPs, dezenas de clipes, Parques de Diversões, cenários para YouTube, dezenas de programas de TV para a Globo, Rock in Rio, e muito mais!

Tudo estava lindo, né? Pois é. Mas o ano seguinte foi 2020... e o que ele lembra a você?

Se eu tiver coragem,
eu posso vencer qualquer
coisa nesse mundo.

 @FABIMAIMONE

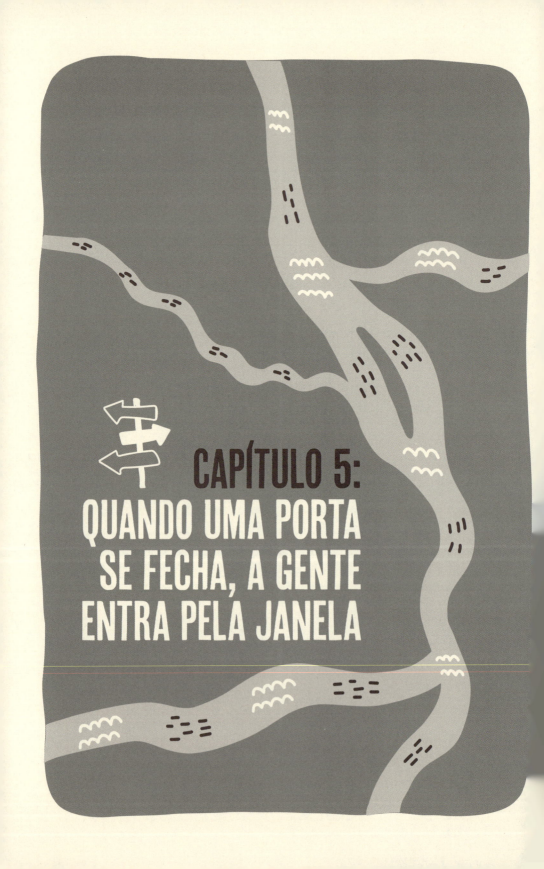

É amigos, rapadura é *sweet*, mas não é *soft* não, como diria o meme da atualidade. Do nada todos os nossos contratos foram cancelados. T-o--d-o-s! Ainda bem que eu estava silenciada de Bali, porque se estivesse no ritmo frenético no qual sempre vivi, não ia ter forças para enfrentar mais uma porrada desse tamanho.

Eu brincava que em mim e na Da20 podia bater à vontade, porque a gente sempre ia levantar! Mas dessa vez era diferente: a pandemia tinha cara de nocaute.

Não sei como foi a sua experiência com o que aconteceu após o anúncio da pandemia, mas na Da20 a reação foi típica de quem estava acostumado a viver com o caos:

— Nada novo sob o sol da Da20. Mais uma porrada pra gente recomeçar.

Esse passou a ser o nosso espírito: éramos um bando acostumado a apanhar do mundo, cada um com suas histórias individuais e a nossa história coletiva. Se a gente tinha chegado juntos até ali, era assim que iríamos até o fim!

PARTE 10: A IMERSÃO BEST-SELLER

Bom, a não ser nos recolher à nossa pequenez, nada mais tínhamos a fazer. Não dispúnhamos de armas para lutar com o inimigo invisível, capaz de nos matar numa simples contaminação.

Eu decidi passar a quarentena com Mila na casa dos meus pais em Vitória da Conquista, e aproveitei o tempo livre para publicar o meu livro de maneira independente na Amazon. Tudo o que girava em torno do livro passou a ser o meu maior e melhor passatempo.

E não é que esse passatempo foi best-seller na categoria "Biografia de Negócios" da Amazon? Então comecei a entrar cada vez mais no mercado editorial e, nessa busca, eu conheci a Imersão Best-Seller da Editora Gente.

Não vou dar muito spoiler agora sobre a Imersão porque reservei essa história para um capítulo mais adiante. Mas o que eu posso lhe revelar aqui é o seguinte: a minha missão espiritual nessa minha passagem pela Terra foi revelada nesse evento. Eu tive um encontro com Deus em uma das aulas. **Minha missão é lhe ajudar a desenvolver e treinar a sua coragem, certo? E não só a sua, mas a de todas as pessoas que eu conseguir alcançar.** A revelação foi tão forte e profunda que este livro que está em suas mãos é um dos frutos dela.

Era como se tudo que eu tivesse vivido até ali tivesse convergido para esse *grand finale*. Mas que *finale*, o quê! Era só o começo de uma busca incansável para compreender todos os pontos que estão por trás do desenvolvimento da coragem.

Eu passei a quarentena estudando coragem alucinadamente. Escrevia, fazia conexões, assistia a aulas, fazia cursos, enfim... a coragem passou a fazer parte de cada célula do meu corpo e eu não conseguia mais pensar em viver de qualquer outra coisa que não fosse isso. Mas eu não podia simplesmente largar tudo.

A pandemia foi arrefecendo, os eventos foram voltando, e a minha vida real precisava ser retomada à frente da Da20, sem esse negócio-de--ajudar-as-pessoas-a-desenvolver-coragem.

Coragem, nessa época, era arregaçar as mangas e colocar a Da20 nos trilhos de novo. E nós fizemos isso, tanto que em 2021 nós retomamos com força total. Mas como ver é irreversível, eu não conseguia mais ser a mesma pessoa que era. Eu já sabia o motivo pelo qual Deus tinha permitido a minha vinda para este plano, e não conseguia ignorar isso.

Em março de 2021, num daqueles dias de inspiração, eu criei a Incubadora de Coragem. Era a sementinha da minha missão sendo plantada para ser colhida no futuro. E como Deus faz tudo certo, Gabriela, a minha amiga de Cruz da Almas, apareceu no meu Instagram e disse:

— Amiga, o sonho da minha vida é ter coragem, e eu sei que você pode me ajudar.

Quando você tem consciência do seu chamado, não ignora uma mensagem como essa. E, com o empurrãozinho da Gabi, criei a Imersão em Coragem, que foi a primeira versão do meu atual Programa de Desenvolvimento de Coragem. Ela foi a primeira pessoa que participou do treinamento estruturado, com a explicação dos pilares que auxiliam na construção de segurança. Foi tão surreal o que eu e Gabi vivemos nesses dias que ela me deixou um feedback assim:

> *A Imersão foi um dos marcos mais importantes da minha vida. Comecei com um desejo enorme de descobrir a coragem em mim. Acreditava que a coragem era um dom, que as pessoas já nasciam assim. Fabi, para mim, sempre representou coragem. Quando iniciamos e soube que seriam apenas cinco encontros, desacreditei que poderia atingir uma transformação em tão pouco tempo. Mas para minha surpresa, e extrema alegria,*

consegui aceitar a minha vulnerabilidade, ter clareza dos pensamentos, e construir minha segurança para, assim, descobrir a coragem. Aprendi por fim a voar. Sou muito grata. A coragem resgatou minha felicidade.

"A coragem resgatou a minha felicidade". Já imaginou como deve ser a vida de uma pessoa que se dedica a resgatar a felicidade de outras pessoas? Ficou cada vez mais difícil seguir fazendo o que eu fazia antes por um simples motivo: eu não era mais a mesma.

Para tentar lidar com tudo isso, eu tomei uma decisão: ia vender absolutamente tudo que tinha em casa em São Paulo, e iria passar um tempo em Salvador. Se você me perguntar qual foi a principal razão para eu ter feito isso, diria que estava me preparando emocionalmente para os desafios financeiros que viriam, quando eu finalmente tomasse a decisão de deixar a Da20 para seguir a minha missão de vida. Eu sentia no meu coração que esse momento estava cada vez mais próximo, e até já tinha data em mente para me despedir da cenografia e o iniciar a minha caminhada seguindo um novo caminho: o *Mapa da coragem*.

No fim, acabei antecipando a minha saída da Da20 para viver de corpo e alma a minha missão. E aqui estou eu, contando a minha história para você. Aqui estamos nós, buscando a verdadeira segurança para finalmente conquistar a coragem com a qual sonhamos a vida inteira.

A coragem
resgatou
a minha
felicidade!

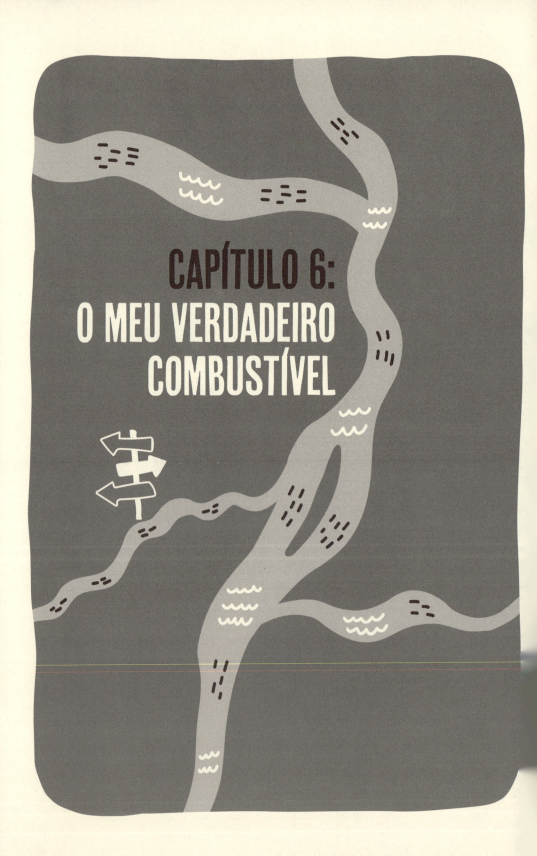

> "O AMOR DE UMA MÃE É O COMBUSTÍVEL QUE CAPACITA UM SER HUMANO COMUM A FAZER O IMPOSSÍVEL."
> — MARION GARRETTY

Mila é tão especial na minha vida que eu peço a sua licença, mas ela merece um capítulo inteiro somente para ela! E resolvi fazer ele um pouquinho diferente: será um compilado de ações e lições inesquecíveis que envolvem a relação de amor e parceria entre uma mãe solo e sua filha.

Enquanto escrevo esta parte do livro, Mila está na casa de uma amiga da nova escola, na sua primeira noite do pijama de 2022. Também hoje foi a primeira vez que a deixei no shopping para ir ao cinema com as amigas. Ela estava em êxtase com as novas amizades e com a liberdade. E eu sigo admirada com o nosso caminho até aqui.

Vendo a felicidade dela no shopping, a chamei do lado e perguntei:

— E você chorou tanto quando saíamos de Gramado, lembra? Já pensou não ter a oportunidade de viver tudo isso aqui?

E ela me olhou admirada com aquela pergunta:

— Nossa, mãe, é mesmo! Quanta coisa eu ia perder se não tivesse mudado, né?

<u>Essa é uma reflexão interessante. O que perdemos quando não mudamos – de casa, de trabalho, de relacionamento, de cidade, de país?</u>

Nós já conhecemos a vida atual, mas o que poderíamos viver de novo se nos permitíssemos experimentar?

Mila me viu lutar por nós duas e por nossos sonhos desde que se entende por gente. Ela me ajudou a vender colchão quando tinha só 2 anos. Frequentava as obras do Parque da Mônica de botas e capacete todos os sábados quando tinha 3 anos. Ela desenhava "projetos" e colava nas paredes.

Quando nos mudamos para o galpão da Da20, fiz questão de fazer duas mesas absolutamente iguais: uma para mim e uma para ela; ambas brilhantes e cor-de-rosa. Já que ela estaria presente ali, não precisava ser "o meu" trabalho. O ambiente precisava estar preparado para ser **nosso**. Mila cresceu ao meu lado. Em construções, em carregamentos de caminhão, em montagens.

Quando decidimos ir para a Disney, ela se tornou garota propaganda do nosso catálogo de desapego. Afinal, é preciso batalhar por um sonho. Não queria dar a ela uma viagem de mão beijada. Ela tinha de participar ativamente dessa realização. E realizar dá trabalho — disso eu sei muito bem, né? Então queria que ela tivesse essa experiência.

Não só foi garota propaganda do nosso catálogo "Mila de férias", no qual anunciamos bonecas, roupas, bolsas e sapatos, como também se tornou a melhor de todas as vendedoras. Ela vendia tudo o que tinha em casa para os vizinhos que chegavam para buscar algo que tinham comprado pelo catálogo. Vendia até o que não estava à venda. Minha mãe morria de vergonha, mas eu achava o máximo.

Tudo o que eu faço com Mila tem base em duas verdades para mim:

1. Ela é um indivíduo pensante e, como tal, é convidada a refletir sobre suas ações e acontecimentos o tempo todo. Eu não a poupo de sofrer quando o sofrimento é necessário, ou quando a verdade causa dor. Eu não minto para aliviar, pois prefiro deixar que ela encontre a força de que precisa para superar.

2. Eu ressignifico tudo que eu posso para oferecer a ela uma nova interpretação dos fatos.

Sobre esse segundo item, vou dar um exemplo claro de ressignificação: a quarentena. Estávamos trancadas na casa dos meus pais, sem poder fazer absolutamente nada, contando os dias para tudo terminar. Esse era o fato concreto. Mas para as crianças, pode existir o mundo imaginário. Propus ressignificar a quarentena: em vez de lamentar o isolamento, passamos a comemorar o "mesversário" da quarentena. Quanto mais a gente ficasse em casa, mais festa faríamos. Percebe a simplicidade desse pensamento? Batizamos o "mesversário" da quarentena como "30 dias mais perto do recomeço", "60 dias mais perto do recomeço" e assim por diante. A ansiedade com o isolamento virou animação com o tema da próxima festa. É tudo uma questão de perspectiva. Devemos aprender isso com as crianças: o mundo delas pode ser mais leve!

Mila está presente em minha vida em todas as decisões. Divido com ela o contexto, as alternativas, e ela me ajuda a pensar. Nós decidimos juntas desde o assunto mais banal, como o que vamos comer no dia, até o mais complexo: onde vamos morar ou se devo ou não aceitar uma proposta de emprego.

E falando em proposta de emprego, recebi uma surreal assim que saí da Da2o e pisei em São Paulo. Era uma oferta imperdível para qualquer um que não tivesse clareza da sua missão; o "problema" é que eu tinha da minha, mas mesmo assim fiquei balançada.

Dividi a situação com Mila, que me aconselhou:

— Mãe, você é o meu maior exemplo de coragem. Não desvie do seu sonho. Não se preocupe. Se faltar dinheiro, eu retomo meu canal do YouTube.

É esse tipo de apoio que eu encontro em casa. **Mila é a minha rede de apoio de aconselhamento, amparo e ação.** É o combustível do meu foguete que não aprendeu a dar ré. Sem ela eu me sentia forte, mas com ela eu me sinto invencível!

E agora que já me estendi muito na minha história, vou esticar o tapete vermelho para você desfilar! Quero que se permita viajar na sua mente e se entregar de corpo e alma ao próximo capítulo, porque sei o bem que o exercício que vou propor é capaz de fazer.

Chegou a sua hora de brilhar! Siga o Mapa e aproveite!

É tudo uma questão de *perspectiva*. Devemos aprender isso com as crianças: o mundo delas pode ser mais leve!

> "SE À SUA FRENTE SE ABRIR UM CAMINHO NÍTIDO, PASSO A PASSO, SAIBA QUE ESSE CAMINHO NÃO É SEU. O SEU CAMINHO SE FAZ A CADA PASSO DADO. É POR ISSO QUE É SEU."
> — JOSEPH CAMPBELL

Finalmente chegou a sua vez de brilhar! E para começar o seu processo de escrita, proponho uma reflexão sobre os arquivos que você tem aí, armazenados na sua memória. Vamos lá?

Você já viu um programa de edição de vídeo em funcionamento? Se nunca viu, vou tentar explicar como é: Imagine uma tela de computador com um espaço específico para colocar os arquivos brutos em vídeo, áudio e foto, e logo abaixo algumas linhas de corte horizontais, com espaços para transferir os arquivos que desejar e editá-los. Para montar um filme, o editor movimenta os arquivos que deseja, recorta pedaços específicos do material bruto e transforma em *frames* (quadros). Geralmente isso é organizado de maneira lógica, a partir de um raciocínio, qualquer que seja, ao som de uma locução ou trilha sonora. Usualmente, essa edição acontece para contar uma história, despertar uma emoção, para atingir o objetivo de compilar, sequenciar e apresentar uma ideia.

Bom, de tudo isso que falei sobre edição de vídeo, o que eu quero que você entenda é: há um montão de material bruto, mas o editor escolhe organizar e eternizar apenas alguns; descartando, ou deixando em *stand-by*, todo o resto. Ele, deliberadamente, cria o próprio filme.

Já parou para pensar que algo parecido acontece na sua memória?

Supondo que você tenha 35 anos. Isso dá, aproximadamente, 420 meses, 12.700 dias ou 305 mil horas de áudio e vídeo vividos, e tudo isso deve estar armazenado em algum lugar bem aí, na sua cabeça. Ou, pelo menos, boa parte disso, afinal de contas, "a nova estimativa comenta que nosso órgão central teria a capacidade de armazenar até 1 petabyte de dados. Isso representa nada menos de 1.024 terabytes, caso você precise de uma unidade mais 'mundana' para ter uma ideia mais real disso tudo. Com essa capacidade, toda a informação presente na internet de forma global caberia na cabeça de qualquer ser humano adulto".[3] Ou seja, ainda que esses dados não estejam atualizados, guarde a seguinte mensagem: cabe MUITA coisa nessa nossa cabecinha.

Agora, considerando todo esse material bruto de vida que você tem, por que escolhe acessar apenas as memórias que estão na superfície? Qual é a narrativa que você decidiu contar para si mesmo? Qual é o filme da sua vida até aqui?

Não sei se você é fã de Big Brother Brasil, mas, mesmo que não seja, acredito que já tenha ouvido falar da Juliette, a vencedora do BBB21. Juliette viveu numa casa monitorada 24 horas por dia durante cem dias, que rendeu um material bruto de 2.400 horas. Mas a veiculação das imagens da Juliette na TV aberta não chegou nem perto disso. Se considerarmos quinze minutos exclusivos para ela na TV Globo, todos os dias, por cem dias ininterruptos, temos 25 horas. Ou seja, praticamente 1% de todo o tempo que ela viveu na casa. Considerando os 99% restantes, caso a TV Globo quisesse, você acredita que, em vez de mocinha, a Juliette poderia ter sido retratada como a vilã? Para essa reflexão, vamos nos esquecer das redes sociais e do Globoplay

---

3 MÜLLER, L. Cérebro humano teria capacidade para 'armazenar' a internet inteira. **TecMundo**, 22 jan. 2016. Disponível em: https://www.tecmundo.com.br/ciencia/94431-cerebro-humano-teria-capacidade-armazenar-internet-inteira.htm. Acesso em: ago. 2022.

transmitindo o BBB 24 horas por dia. Estamos olhando sob o viés do material editado na TV aberta, combinado?

O fato é que a narrativa construída pela edição da TV Globo mostrava uma Juliette forte, resiliente, que aguentava firme as humilhações e que, apesar de tudo, se mantinha leal, engraçada, sincera e doce. Uma mulher realmente apaixonante.

Mas, provavelmente, se fosse da vontade da TV Globo editar 25 horas de uma Juliette vilã, certamente haveria material. Afinal de contas, todos nós temos conteúdo para criarem versões positivas e negativas de nós mesmos, sem exceção.

E é o que nós fazemos o tempo todo. Nós criamos a nossa própria versão. ✈

Agora eu lhe pergunto: Qual é a sua versão atual?

Chegou a hora de você assumir a liderança da viagem e começar efetivamente a caminhar pelo *Mapa da coragem*. Portanto, use as linhas a seguir para escrever o roteiro do seu filme até aqui.

Qual é a história que você está contando para si mesmo? Quais são os pontos altos do seu filme? Qual é o papel que você está desempenhando? É o vilão ou o mocinho da história? A vítima ou o carrasco? Quais são os principais pontos de inflexão do seu filme, ou seja, quais os principais pontos de virada da história? Caso nunca tenha pensado sobre isso, muito menos escrito qualquer linha sobre o tema, não se preocupe: eu lhe ofereço um passo a passo para começar a escrever.

Mas lembre-se: a história é sua e você a escreve como quiser, hein? Esse passo a passo é só uma colaboração se fizer sentido para você. Aqui, neste livro, ninguém "tem que" nada, ok? Cada história é única, e vamos honrar todas elas!

Para ajudar na organização da mente, use as linhas disponíveis para dividir a sua vida em fases. Vamos considerar cinco fases principais:

→ Infância (do nascimento até os 11 anos);
→ Adolescência (dos 12 aos 20 anos);

→ Primeiro estágio da fase adulta (dos 21 aos 35 anos);
→ Segundo estágio da fase adulta (dos 36 aos 65 anos);
→ Velhice (dos 66 anos em diante).

Depois que você organizar essa parte, escreva em tópicos os pontos marcantes (positivos e negativos) de cada uma das fases. Pode ser uma experiência que você viveu, uma notícia da época, uma frase que ouviu e ficou marcada por algum motivo... Enfim, vasculhe, aí nos seus arquivos, o que ficou salvo na superfície da sua memória e está de fácil acesso. Não tente ligar nenhum ponto ainda, apenas escreva o que for lembrando, sem muito esforço.

O que eu estou propondo aqui é uma organização da sua mente para que você consiga ter material o suficiente para fazer uma autoanálise. Eu gosto sempre de comparar esse processo à arrumação de um guarda-roupa. Imagine que você mantém um armário muito bagunçado, misturando roupas limpas com roupas sujas, sem lugar específico para nada, as roupas lavadas retornam para o guarda-roupa ainda amarrotadas e são apenas depositadas no meio da bagunça. Agora imagine que seu guarda-roupa está como descrevi, e você precisa encontrar rapidamente o que vestir porque está atrasado para um compromisso. Qual vai ser a sua reação ao abrir a porta do armário e não encontrar o que precisa? Provavelmente vai bater aquela ansiedade que impede você de pensar direito, acompanhada de uma das célebres frases: "Eu não tenho nada que preste para vestir", ou, "Eu não tenho roupa!".

Agora imagine que a sua mente é esse guarda-roupa bagunçado e você vive atrasado para os compromissos da vida. Alguém fala alguma coisa, muitas vezes sem a intenção de machucar, mas você recebe a frase como um tiro. De onde veio essa emoção? Por que isso me afetou tanto? Por que me sinto assim? Por que estou potencializando coisas simples e sofrendo tanto?

Você só começa a ter essas respostas quando compreende a sua história e consegue ligar os pontos. E receio dizer que esse movimento de ligar os pontos é eterno. Aprender a fazer o exercício de reconhecer cada vez mais os detalhes da própria história fará as coisas ficarem mais fáceis, mas é um caminho que deve ser percorrido para sempre. A gente não deve nunca estacionar o processo de autoconhecimento achando que já entendeu tudo. Deve ser uma busca eterna!

Como queremos iniciar a sua jornada de construção de segurança sem a bagunça do guarda-roupa, vamos retomar o seu processo de organização com a escrita em tópicos por fases da vida.

_____
_____
_____
_____

Agora que você conseguiu colocar no papel os tópicos que vieram mais rápido à sua mente, separados por fases da vida, releia tudo o que escreveu e comece a refletir sobre cada palavra. Tem algum ponto de conexão entre as fases? Algum comportamento registrado na fase adulta tem ligação com a infância ou com a adolescência?

Vou dar um exemplo meu: Quando a minha mãe estava grávida de mim, um cachorro avançou nela e ela quase me perdeu. Eu cresci ouvindo a vida inteira que quase morri por causa de um cachorro. Como você acha que eu cresci? Exato, com medo de cachorro. O meu medo – que é uma espécie de alarme, nunca se tornou um pânico – sempre foi um sentimento que me atrapalhou. Eu morava em Alphaville, em São Paulo, bem em frente a uma pracinha deliciosa, e volta e meia eu fazia piquenique com minha filha lá, até que muitos cachorros começaram a frequentar o lugar e eu simplesmente parei de ir.

Descobrir a origem do meu medo de cachorro me ajudou a entender que ele não era meu, mesmo que eu ainda não me sinta completamente segura, afinal, é um processo. Mas, o que eu quero que você entenda é que, conhecendo o porquê das coisas, fica mais fácil criar uma estratégia para resolvê-las.

O *Mapa da coragem* propõe um caminho de acesso à coragem através da construção de segurança, então o mais importante aqui é você aprender a pavimentar o seu caminho para desfazer as inseguranças que eventualmente surgirão.

Releia de novo os tópicos e vasculhe a sua memória um pouco mais, e dessa vez busque investigar os seus medos.

Quais eram os seus maiores medos em cada fase da vida? Quais são os seus medos hoje? Em quais áreas você está inseguro? Tente responder a essas perguntas por fase, e seja o mais específico que puder. Tome o tempo que precisar. Ainda estamos montando um rascunho, então não se preocupe em fazer bonito, mas não deixe de fazer.

_____
_____
_____
_____

Lembre-se: um mapa é apenas um facilitador de caminho. Se você não começar a caminhar, nunca chegará em lugar nenhum, por mais incrível que o mapa seja. Estou falando isso porque temos a estranha mania de querer fórmulas prontas. A gente busca sempre um jeito mais fácil de resolver um problema, que de preferência não consuma tanto a nossa energia mental. Mas deixe eu lhe contar uma coisa: **a quantidade de energia despendida no seu autoconhecimento está diretamente relacionada à sua segurança e, portanto, à sua capacidade de ter coragem para ser livre e feliz.** Não se poupe do trabalho.

Agora que temos por escrito os seus pontos mais marcantes, tanto os positivos como os negativos, e os medos e as inseguranças de cada uma das fases, vamos começar a escrever o seu roteiro. Isso vai ajudar a clarear a mente e ligar os pontos.

DICAS PARA ESCREVER O SEU ROTEIRO

→ **SE MANTENHA VULNERÁVEL DURANTE A SUA ESCRITA.** A aceitação da sua vulnerabilidade é o primeiro passo para viver uma vida de coragem. Estou repetindo o mantra da Brené Brown para você não se esquecer dele. O objetivo aqui não é conquistar um diretor para filmar o seu roteiro, então não se preocupe em criar uma história incrível, apenas deixe fluir de maneira linear o que está guardado na sua memória.

→ **NÃO FAÇA JUÍZO DE VALOR** ao escrever, pois não tem ninguém olhando. Esse exercício é só seu. Entenda as linhas em branco a seguir como um convite para o cinema, onde a história vai se desenrolar à medida que as cenas vão apresentam em sua cabeça. Como você já escreveu os principais pontos, agora é só construir a narrativa.

→ **NÃO PENSE MUITO!** Não procure palavras bonitas, o importante aqui é entrar em estado de *flow* (estado mental que ocorre quando uma pessoa realiza uma atividade em imersão, sentindo maior energia, prazer e foco durante a execução).

→ **NÃO MEXA NO TEXTO QUANDO TERMINAR.** Essa talvez seja a dica mais importante. Se você reler, e decidir mudar alguma coisa, estará "maquiando" a sua memória, e esse não é o nosso objetivo.

→ **ESCOLHA UM PONTO DE PARTIDA** da sua trajetória e a remonte a partir daí. Quanto mais cedo começar, mais cenas terá o seu filme, e mais elementos teremos para refletir sobre o porquê de cada uma delas que você decidiu guardar na memória. A minha sugestão é que você comece pela infância.

→ **NÃO CAIA NA TENTAÇÃO DE ESCREVER SOMENTE SOBRE A VIDA PESSOAL OU SOMENTE SOBRE A PROFISSIONAL.** Você é uma pessoa só, com inúmeras atribuições que se complementam e se sobrepõem o tempo todo. Não dá para ser mãe de manhã e profissional de tarde. Nós somos tudo o tempo todo.

Pronto? Chegou a hora de brilhar! Caso não haja linhas suficientes para o seu roteiro aqui no livro, pegue uma página avulsa e continue escrevendo. O importante é contar tudo que julgar relevante.

103

Capítulo 7: Qual é o filme da sua vida?

Agora que você tem o rascunho do seu roteiro escrito, vamos começar a refletir sobre algumas questões com o objetivo de clarear a sua mente a respeito de passagens importantes:

→ QUAL PARTE DO SEU ROTEIRO O DEIXOU MAIS ORGULHOSO?
_____
_____

→ QUAL PARTE O DEIXOU MAIS INCOMODADO?
_____
_____

→ FALANDO DA PARTE QUE O DEIXOU ORGULHOSO: O QUE ACONTECEU ESTAVA SOB O SEU CONTROLE?
_____
_____

→ ESSA SITUAÇÃO EXIGIU CORAGEM?
_____
_____

→ FALANDO DA PARTE QUE O DEIXOU INCOMODADO: O QUE ACONTECEU ESTAVA SOB O SEU CONTROLE?
_____
_____

→ ESSA SITUAÇÃO EXIGIU CORAGEM?
_____
_____

→ COMO VOCÊ AGIU – OU TEM AGIDO – DIANTE DESSE INCÔMODO?
_____
_____

→ SE VOCÊ PUDESSE VOLTAR EM ALGUM PONTO DE INFLEXÃO DO SEU ROTEIRO, O QUE TERIA FEITO DE DIFERENTE?
_____
_____

Estou sugerindo essas perguntas, mas você pode pensar em muitas outras que façam sentido para você. Quanto mais você se questionar, mais vai conseguir ligar os pontos e fazer conexões que desfazem inseguranças.

Como está se sentindo? Nós acabamos de dar o primeiro passo no processo de construção de segurança: aprender como remontar e reconhecer a própria trajetória. Agora que você sabe como fazer isso, mantenha sempre por perto o hábito de olhar para o passado, a fim de compreender, aceitar, honrar e agradecer tudo o que aconteceu com você para, assim, se sentir pronto para seguir em frente.

Então chegou a hora de dar um novo passo: vou apresentar uma ferramenta poderosa para você construir segurança e ter coragem para fazer tudo o que desejar.

A aceitação da sua *vulnerabilidade* é o primeiro passo para viver uma vida de coragem.

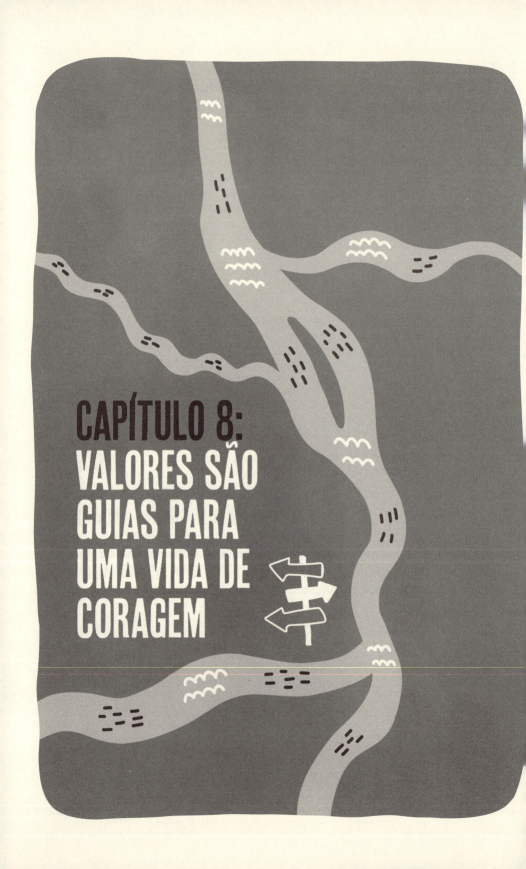

É possível que você já tenha lido na internet o discurso "O homem na arena" (1910), de Theodore Roosevelt, ou visto a Brené Brown recitá-lo em *The call to courage* (2019), seu documentário disponível na Netflix. O contexto é que, segundo ela, esse texto a salvou quando ela se viu viralizada no mundo inteiro com o TEDx "O poder da vulnerabilidade", e recebeu uma avalanche de comentários negativos principalmente sobre sua aparência. Selecionei um trecho do texto para conversarmos sobre ele:

> *O crédito pertence ao homem que está por inteiro na arena da vida, cujo rosto está manchado de poeira, suor e sangue; que luta bravamente; que erra, que decepciona, porque não há esforço sem erros e decepções; mas que na verdade se emprenha em seus feitos; que conhece o entusiasmo, as grandes paixões; que se entrega a uma causa digna; que, na melhor das hipóteses, conhece no final o triunfo da grande conquista e que, na pior, se fracassar, ao menos fracassa ousando grandemente.*

Eu já amava tudo o que esse discurso representa. Eu flerto com a coragem de se expor, os fracassos e as voltas por cima: tudo isso faz parte também da minha história. Mas quando li um outro texto, presente no livro *A coragem para liderar*, também de Brené Brown (2019), entendi que, para ter coragem de entrar na arena e se recuperar, caso a queda venha, a gente precisa de algo fundamental: os nossos valores.

> *Nesses momentos em que começamos a colocar outras vozes à frente da nossa, nos esquecemos daquilo que nos levou a entrar na arena, a razão de estarmos lá. Esquecemos os nossos valores. Ou muitas vezes nem sabemos quais são ou como nomeá-los. Se não tivermos clareza quanto aos valores, se não tivermos mais para onde olhar ou no que nos concentrar, se não tivermos essa luz lá em cima para nos lembrar por que estamos ali, os cínicos e os críticos podem nos derrotar.*
>
> *Na maioria das vezes, são os nossos valores que nos levam até a arena — estamos dispostos a fazer algo desconfortável e ousado por conta das nossas crenças. E quando chegamos lá e tropeçamos ou caímos, precisamos dos nossos valores para lembrar por que entramos ali, especialmente quando estamos caídos de bruços, cobertos de poeira, suor e sangue. (pp. 193-4)*

Quais são os seus valores? O que é inegociável para você? Caso nunca tenha pensado sobre isso, não se preocupe, ainda neste capítulo faremos um exercício juntos que ajudará a clarear a mente sobre esse tema.

Mas para já iniciarmos nossa caminhada, valores são como guias para a nossa vida. Eles devem ser como a nossa bússola, principalmente quando estamos diante de situações difíceis. Provavelmente você já viu empresas declarando os seus valores, comumente junto da missão e da visão. Mas acho improvável que já tenha ouvido uma pessoa física declarando os próprios.

Valores são
como guias para
a nossa vida!

  @FABIMAIMONE

No mundo empresarial, os valores são princípios que regem ações e comportamentos e que se tornam a própria identidade da organização – e isso também vale para a vida pessoal. Sendo assim, não há motivos para apenas empresas identificarem e viverem de acordo com os seus valores: essa deve ser uma premissa da vida de todos nós.

Para ilustrar melhor o que estou dizendo, eu vou dar dois exemplos de como apoiar decisões difíceis em valores inegociáveis faz toda a diferença na construção de segurança, e, portanto, na nossa coragem.

Vamos começar com uma situação bem séria que ocorreu no mundo empresarial, relatada no livro *Essencialismo* (2015), de Greg Mckeown. No ano de 1982, a Johnson & Johnson foi surpreendida por um escândalo trágico envolvendo o Tylenol, seu produto mais lucrativo na época. Sete pessoas morreram ao consumir unidades do remédio que haviam sido violadas e envenenadas com cianureto. Como a Johnson & Johnson deveria reagir? Segundo Mckeown (p. 62):

> *Era uma questão complicada. A principal responsabilidade da empresa seria assegurar a segurança dos clientes com a retirada imediata dos produtos Tylenol das prateleiras das drogarias? Usar a assessoria de imprensa para controlar os danos e evitar que os acionistas perdessem dinheiro? Ou seu dever seria, em primeiríssimo lugar, consolar e indenizar as famílias das vítimas?*

A saída para uma situação bastante complexa como essa está em seguir os valores enraizados e praticados por uma empresa. No caso da Johnson & Johnson, os valores constituem o credo, e estão gravados na pedra na sede da empresa, desde 1943. Nesse credo, os clientes vêm em primeiro lugar e os acionistas, em último. E seguindo à risca essa escala de prioridades, a Johnson & Johnson decidiu recolher todos os frascos de Tyleon, mesmo gerando um impacto milionário sobre o lucro da empresa.

Os valores norteiam uma empresa perante decisões difíceis. Os valores nos norteiam perante decisões difíceis. Não importa se representamos uma pessoa física ou jurídica, compreender a importância de enraizar e automatizar tais princípios é fundamental em nossa vida.

O segundo exemplo aconteceu comigo, um evento do cotidiano, relativamente simples, mas que poderia ter um desfecho trágico se eu não me apoiasse nos meus valores inegociáveis de honestidade e coragem, descobertos no mesmo exercício que faremos juntos mais adiante.

Em 2021, eu aluguei um apartamento em Salvador por temporada, paguei pelo período antecipado e deixei um cheque de 3 mil reais como caução para que o proprietário tivesse condição de cobrir qualquer dano eventual ao imóvel. Praxe do mercado imobiliário. Quando estava fechando as últimas malas, sentei no chão em frente ao armário da varanda e, ao levantar, me apoiei no granito que fazia o acabamento da pia. Nesse momento, a peça, que é superpesada, caiu inteira em cima de mim — mas, por sorte, eu consegui segurar o granito e não aconteceu nada mais grave comigo. Entretanto, eu me vi diante de duas opções: correr até uma loja de materiais de construção e colar a peça a tempo da vistoria de entrega do imóvel, que aconteceria em quatro horas, e salvar o cheque caução; ou contar a verdade ao proprietário, para que ele contratasse uma empresa especializada em granito e fizesse o serviço com qualidade e segurança, mas correndo o risco de não recuperar o dinheiro.

A minha decisão imediata foi correr até a loja. Afinal, eu trabalhava com cenografia na época e, apesar de nunca ter colado um granito na vida, eu sabia que a massa plástica colava esse tipo de material, então conseguiria dar um jeito.

Mas uma coisa interessante aconteceu no meio do caminho. Ouvi uma voz interior: *a honestidade e a coragem estão por onde nesse momento, meu bem? Você vai colar uma peça pesada como essa com massa plástica, sem fazer a menor ideia de como fazer isso e sem nenhuma responsabilidade? E se uma criança se apoiar e a peça cair sobre ela depois que você for embora? Resgatar um cheque é mais importante do que a sua honestidade e a sua coragem? Não seja essa pessoa.* E não fui. Dei meia-volta, liguei para o proprietário, e contei o que aconteceu. Na vistoria de entrega, ele não só me devolveu o cheque, como me agradeceu por não ter colado a peça sem auxílio profissional.

Eu costumo dizer que existe um caminho (mais um mapa, olha lá!) para você conseguir se apoiar de fato nos seus valores para tomar decisões difíceis, e eu o divido em quatro paradas: Despertar, praticar, enraizar e automatizar.

DESPERTAR

Algumas pessoas não sentem interesse pelos valores pois se encontram em um "poço seco". Afinal, precisamos de algum nível de conhecimento ou consciência antes de ficarmos interessados, pois não sentimos curiosidade por algo que desconhecemos. Se você nunca nem viu uma lista de valores na vida antes, como vai entrar ou se aprofundar no tema? Não dá!

Para promover o seu despertar, eu proponho um exercício: A seguir disponibilizo uma lista com 115 valores. Leia cada um deles e escolha dois que são inegociáveis para você.

"Mas, Fabi, de 115 valores, eu só vou ficar com dois?"

Isso mesmo, só dois. Cachorro que tem três donos morre de fome. Quem tem três prioridades não tem nenhuma. Os seus valores não são uma lista de palavras agradáveis, mas guias para uma vida de coragem.

Aqui vão algumas dicas para realizar esse exercício:

- → Para fazer uma primeira seleção, pegue um lápis e risque com um traço os valores que não representam quem você é em essência;
- → Você não terá dúvidas quando um valor for inegociável na sua vida. Então, não pense muito: se acha que dá para cortar, corte;
- → Assim que realizar esses cortes iniciais, releia os valores que ficaram, antes de entrar na segunda rodada. É possível que você já comece a ter pistas da sua essência, olhando os grupos de valores remanescentes. Geralmente, a lista já está pela metade nesse ponto;
- → Comece uma nova rodada, da mesma maneira que fez a primeira, porém riscando com dois traços (para indicar que esses valores correspondem à sua segunda rodada de cortes) e assim por diante. Não pense muito! Vá riscando os valores que não traduzem quem você é;
- → Releia novamente os que ficaram e, caso já esteja difícil cortar mais, porque você terá uma sensação estranha de estar abrindo mão de princípios, comece a "batalhá-los".

Um exemplo de como batalhar os valores para que você consiga chegar nos seus dois inegociáveis é criar situações hipotéticas: se eu tiver uma oportunidade de construir minha carreira fora do país, eu vou mesmo abrindo mão de estar 100% com os meus filhos? A sua resposta a essa pergunta vai dizer se o seu valor inegociável é a carreira ou a criação de filhos, por exemplo.

E por que é tão importante ter clareza sobre quem somos na nossa essência? Porque além de ser possível nos apoiar nisso para tomar decisões difíceis, é a partir desses norteadores que conseguimos nomear o que nos incomoda. Uma amiga saiu de um trabalho fixo para abrir o próprio estúdio de criação e passar a gerir melhor seu tempo e suas demandas. Um dos novos clientes dela trazia muito retorno financeiro, já que solicitava trabalhos imperdíveis. Acontece que passou a ser uma tortura atender a esse consumidor. Algo a incomodava profundamente e ela nunca soube explicar o que era. Quando fizemos o exercício dos valores, ela quase deu um pulo da cadeira:

— Liberdade! Meu valor inegociável é liberdade! Por isso que essa pessoa me incomoda tanto!

Para ela, a estabilidade financeira não é um valor inegociável, mas a liberdade é. E o cliente invadia completamente a liberdade dela, desrespeitando horários comerciais, fins de semana, cobrando e pressionando excessivamente... O resultado da clareza que ela teve ao fazer esse exercício foi pedir uma reunião com ele e dizer assim:

— Fulano, meu valor inegociável é a liberdade e você está me tirando ela. Precisamos mudar a nossa forma de trabalhar juntos, ou então não poderia mais atender você.

E ele mudou o comportamento e passou a respeitar o que para ela é inegociável.

Acredite: quando você tem clareza de quem você é em essência, e fala isso com convicção, as pessoas respeitam você e as suas decisões, por menos convencionais que sejam.

Pronto? Podemos começar? Pegue o lápis e bom exercício!

ADAPTABILIDADE
ALEGRIA
ALTRUÍSMO
AMBIÇÃO
AMBIENTE
AMIZADE
AMOR
AMOR-PRÓPRIO
APRENDIZADO
AUTODISCIPLINA
AUTOEXPRESSÃO
AVENTURA
BELEZA
BENEVOLÊNCIA
BONDADE
BEM-ESTAR
CARREIRA
CASA
COLABORAÇÃO
COMPROMETIMENTO
COMUNIDADE
COMPAIXÃO
COMPETÊNCIA
CONVICÇÃO
CONEXÃO
CONFIABILIDADE
CONFIANÇA
CONHECIMENTO
CONTRIBUIÇÃO
COOPERAÇÃO
CORAGEM
CORRER RISCOS
CRIAÇÃO DOS FILHOS
CRIATIVIDADE
CRESCIMENTO
CUIDADO
CURIOSIDADE
COMPREENSÃO
DESAFIO

DESENVOLTURA
DIGNIDADE
DIVERSÃO
DIVERSIDADE
EFICIÊNCIA
EQUIDADE
EQUILÍBRIO
ESPERANÇA
ESPIRITUALIDADE
ESPÍRITO ESPORTIVO
ESTABILIDADE FINANCEIRA
ÉTICA
EXCELÊNCIA
FAMÍLIA
FAZER A DIFERENÇA
FÉ
FRANQUEZA
FRUGALIDADE
GENEROSIDADE
GERAÇÕES FUTURAS
GRATIDÃO
HARMONIA
HONESTIDADE
HUMILDADE
HUMOR
IGUALDADE
INCLUSÃO
INDEPENDÊNCIA
INICIATIVA
INTEGRIDADE
INTUIÇÃO
JUSTIÇA
LAZER
LEALDADE
LEGADO
LIBERDADE
LIDERANÇA
MANEJO RESPONSÁVEL
   DE RECURSOS

NATUREZA
ORDEM
ORGULHO
OTIMISMO
PACIÊNCIA
PATRIOTISMO
PERDÃO
PERSEVERANÇA
PERTENCIMENTO
PLENITUDE
PODER
PROTEÇÃO
REALIZAÇÃO
RECONHECIMENTO
RESPEITO
RESPONSABILIDADE
RETRIBUIÇÃO À SOCIEDADE
RIQUEZA
SABEDORIA
SATISFAÇÃO
SAÚDE
SEGURANÇA
SEGURANÇA NO EMPREGO
SER O MELHOR
SERENIDADE
SERVIÇO
SIMPLICIDADE
SINGULARIDADE
SUCESSO
TEMPO
TRABALHO EM EQUIPE
TRADIÇÃO
TRANSPARÊNCIA
UTILIDADE
VERDADE
VIAGEM
VISÃO
VULNERABILIDADE

MEUS DOIS VALORES INEGOCIÁVEIS SÃO: _____ E _____

PRATICAR

Agora que você já nomeou os valores, e sabe qual é a sua essência, revise as situações da sua vida. Se quiser, volte ao roteiro que criamos no capítulo anterior, releia-o, e tente perceber se as coisas boas que aconteceram estavam de acordo com os seus valores e se as coisas ruins estavam em desacordo. É possível que você consiga ligar vários pontos que antes pareciam escondidos.

Presenciei um bom exemplo de desacordo de valores quando realizei esse exercício com um grande amigo. Ele é natural do interior da Bahia, mas vive (infeliz) em São Paulo há dois anos porque conseguiu uma proposta irrecusável de trabalho, que lhe dá os recursos financeiros necessários para manter um padrão de vida que provavelmente não alcançaria em sua cidade de origem. Acontece que mesmo ele tendo o "emprego dos sonhos de qualquer um", esse não é o dos sonhos dele, porque seus valores são família e pertencimento, tudo de que ele precisou abrir mão para estar aqui. Ter transformado sua essência em palavras foi fundamental para compreender o motivo da sua infelicidade, e agora ele pode decidir com clareza qual rumo dar para o seu futuro.

Outra forma de praticar os valores é analisando os momentos atuais da vida, principalmente os que estão incomodando você. O que está acontecendo de ruim agora vai de encontro ao que você é? Ou, ainda, se estiver em dúvida sobre como resolver alguma situação, reflita se é possível sair dela lançando mão de quem você é em essência, ainda que seja uma decisão difícil.

Praticar os valores é sair do automático e se questionar sempre, utilizando-os como uma balança a cada dúvida.

ENRAIZAR

Se praticar diz respeito a se questionar, enraizar é agir. Nesse primeiro momento de apoiar decisões difíceis nos seus valores inegociáveis, é possível que você ainda precise pensar bastante sobre estar fazendo a coisa certa ou não. Provavelmente, essas escolhas vão exigir coragem, e é possível que você ainda não tenha segurança suficiente para agir. Portanto, é normal que ainda não esteja certo de que é capaz de lidar com os desdobramentos de uma decisão mais autêntica.

Mas não se preocupe nem se cobre tanto, essa confiança virá com a prática e com o fortalecimento dos seus princípios. O objetivo deste exercício e do caminho de construção de segurança é fazer você despertar, sair do automático e conduzir a vida com consciência, e não como uma carreta desgovernada, sendo precipitado, tomando decisões afobadas por aí. Viver uma vida baseada em nossa essência requer treino; requer rede de segurança para nos salvar das consequências das quedas, e essa rede ainda está sendo costurada.

É importante lembrar que nós não fomos condicionados a ser quem somos. Muito pelo contrário: nos ensinaram a colocar tantas máscaras que, não raramente, nos perdemos em meio aos personagens. Então, relaxe. Ver é irreversível, e você conseguiu ver e nomear sua essência. Eu garanto: vai ficar mais fácil daqui para frente!

AUTOMATIZAR

Esta é a fase que buscamos quando falamos de valores. O objetivo é entrar num lugar tão natural de autenticidade no qual você simplesmente será, sem pressões, sem travas. É como respirar: se você estiver se preocupando com a respiração, é porque alguma coisa está errada.

Aos poucos, com consciência e treino, seus valores estarão tão presentes em seu modo de agir que se guiar por eles será totalmente natural. E, confie em mim, quando esse momento chega, é maravilhoso!

O que eu quero que você perceba até aqui, nesse nosso caminho de construção de segurança para acessar a sua coragem, é que já percorremos dois pontos importantes:

1. Você aprendeu como escrever e refletir sobre a sua trajetória, ou seja, já consegue reconhecer o que lhe trouxe até aqui. E mesmo que ainda não tenha separado o tempo necessário para fazer essa retrospectiva completa, o mais importante para um *modus operandi* mental de construção de segurança você já tem: **a consciência de que não é possível só olhar para frente. Você deve aprender a olhar para trás.**
2. Você sabe como nomear a sua essência e como se apoiar nela para tomar decisões difíceis e autênticas, buscando sempre agir de acordo com seus valores inegociáveis.

Você já deve ter notado que esse Mapa está cheio de paradas importantes, né? Muito melhor do que simplesmente mostrar o caminho é percorrer junto, aproveitando o que cada passo tem a oferecer. Portanto, agora vamos para o próximo ponto: vamos conversar sobre o que trava e o que alavanca a nossa coragem.

Praticar os valores é sair do automático e se questionar sempre, utilizando-os como uma balança a cada dúvida.

 @FABIMAIMONE

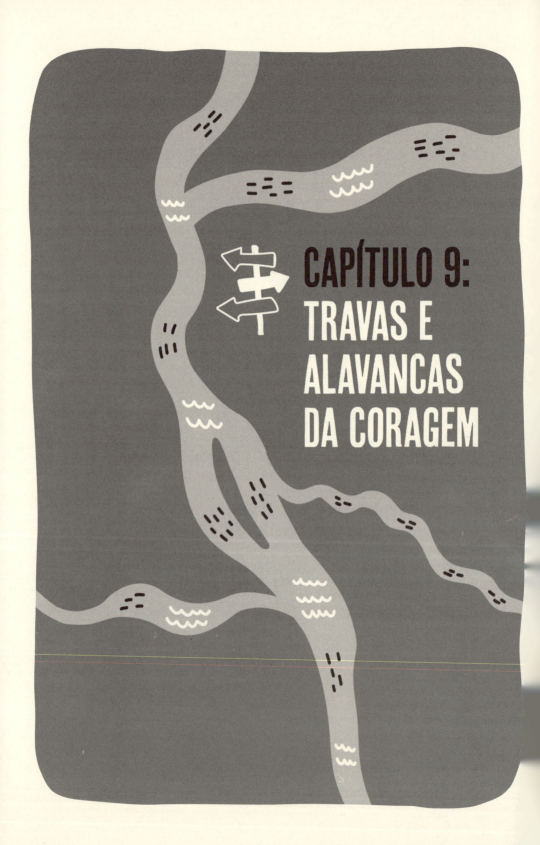

> "UM MAPA NÃO FAZ APENAS CARTOGRAFAR – ELE REVELA E FORMULA O SENTIDO. FORMA PONTES ENTRE AQUI E LÁ, ENTRE IDEIAS DÍSPARES QUE NÃO SABÍAMOS QUE ESTAVAM PREVIAMENTE LIGADAS."
> — REIF LARSEN

Quando comecei a minha busca para entender como ocorre a construção de segurança, eu li algumas dezenas de livros, fiz cursos e, através desse conhecimento, cheguei a conclusões importantes. Tem coisa que trava a nossa coragem e tem coisa que alavanca. Mas como identificar qual é qual?

Eu acredito que já existe muita gente falando difícil por aí, então eu quero deixar esse nosso papo leve e fácil (lembre-se da Ivete, hein?). Então, para facilitar o meu próprio entendimento, e agora o seu, eu associei as travas e as alavancas em dicotomias (essa palavra não me ajudou no quesito "fácil", né?), ou seja, eu arrumei o que aprendi em duplinhas nas quais uma coisa atrapalha e a outra impulsiona a sua coragem. Assim, fica bem mais simples de reconhecer se estamos indo mais para um lado ou mais para o outro.

Lembrando: eu falo brincando, procuro deixar as coisas mais leves e fáceis, mas as fontes não são as vozes da minha cabeça, ok? O conteúdo a seguir é uma curadoria de dezenas de obras que eu li para ligar os pontos sobre como conseguimos potencializar o que impulsiona a nossa coragem e reduzir (ou tirar!) o que nos trava. No fim deste livro, você encontra as referências bibliográficas que me apoiaram na construção desse conhecimento!

Estamos alinhados? Que comecem as dicotomias!

VALORES × ALIENAÇÃO

"Ter o valor de ter valores é praticar a autenticidade; enfrentar os irônicos, os cínicos e os hipócritas. É esticar a corda, não se contentar com o que todo mundo faz, com o que todo mundo diz. É apostar no agora, não esquecendo o passado nem imaginando um futuro sempre melhor que o presente."

— Francesc Torralba

→ **VALORES:** Devem ser guias cristalizados em nossa mente que nos trazem clareza sobre qual caminho seguir. Valores guiam propósitos. Valores alavancam a coragem porque nos dão segurança para tomar decisões difíceis. E, como disse Brené Brown, são eles que nos levam até a arena, e são eles que nos levantam quando estamos caídos de bruços, com o corpo coberto de poeira, suor e sangue.

→ **ALIENAÇÃO:** É se deixar influenciar e ser controlado por circunstâncias externas à própria mente. O alienado é muito preguiçoso para usar o próprio cérebro. Napoleon Hill, no livro *Mais esperto que o diabo* (2019), descreve algumas formas de alienação:

SAÚDE: Comer em excesso e o tipo errado de alimentos leva à indigestão, obesidade e enfraquece o pensamento apurado;

CASAMENTO: Procurar falhas no parceiro constantemente, brigar sobre assuntos financeiros ou sobre a forma como cria os filhos;

PROFISSÃO: Abandonar a escola para pegar o primeiro emprego pelo medo da pobreza;

POUPANÇA: Gastar deliberadamente e não poupar;

AMBIENTE: Manter-se em ambientes desarmoniosos e desagradáveis

Valores guiam propósitos.
Valores alavancam a coragem
porque nos dão segurança
para tomar decisões difíceis.

 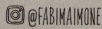 @FABIMAIMONE

no lar, no local de trabalho, nos relacionamentos com parentes e desconhecidos;

PENSAMENTOS DOMINANTES: Pensar negativamente.

Arrisco dizer que é fácil reconhecer muita gente vivendo ao nosso redor (ou até nós mesmos) seguindo algumas dessas formas de alienação.

Quantas pessoas você já viu abandonando os estudos ou o caminho do aperfeiçoamento para aceitar empregos desconectados ao seu propósito apenas para ganhar dinheiro, por ter medo da pobreza? Quantas vezes você acordou de manhã cedo, pegou o celular, e o primeiro alimento da alma foi uma porção de notícia trágica, uma desesperança sem fim? Esse movimento é semelhante a acordar cedo e, antes de qualquer coisa, comer uma *junk food*. Ou seja, é um desserviço ao nosso corpo.

Aqui deixo um conselho: cuidado com o que a sua alma consome! ✈

Quando estávamos na pandemia, eu ainda trabalhava como diretora-executiva na empresa de cenografia, que vivia 100% de cenários construídos para novelas, programas de TV, enfim, eventos em geral. Como falei antes, nós perdemos todos os contratos e fomos a saldo zero num piscar de olhos, exatamente porque todas as atividades do nosso setor foram suspensas. A situação por si só já era angustiante, então eu não precisava de nenhum outro gatilho de ansiedade além de todos que já estava vivendo. Mas é exatamente nesses momentos de medo e incerteza que aparecem potencializadores de ansiedade que roubam pedaços da nossa esperança sorrateiramente.

Era março de 2020, e no auge do medo de tudo, recebi uma mensagem no meu WhatsApp, enviada por um familiar:

— Todos os eventos de 2020 devem ser cancelados.

À primeira vista, essa é uma mensagem apocalíptica para quem é mãe solo e vive 100% de eventos. "Isso vai durar o ano inteiro?", "Vamos perder tudo?",

"Como vamos pagar os funcionários, honrar os nossos compromissos?". Acredite em mim, quando estamos com medo de algo, qualquer coisa vira gatilho, até uma mensagem.

E por que estou dizendo que essa mensagem, fantasiada de notícia séria, era uma tremenda besteira? Porque ela não dizia absolutamente nada. Se você trocar "todos os eventos devem ser cancelados em 2020" para "todos os eventos devem ser retomados em abril", a mensagem continua não servindo para absolutamente nada, mas o gatilho é completamente diferente. Uma mensagem gera ansiedade e a outra gera esperança. De qual tipo de mensagem você tem se alimentado? Na era das *fake news*, não se blindar e acatar qualquer coisa sem lançar mão do pensamento crítico e apurado é aceitar o convite do Diabo para se alienar. E não existe coragem na alienação: existe apatia, comodismo e desperdício de vida.

MEDO × CORAGEM

"Escolha a grande aventura que é ter coragem e sentir medo. Ao mesmo tempo!"
— *Brené Brown*

Essa é a dicotomia que eu mais gosto: medo e a própria coragem, a perfeita definição do que trava e do que alavanca o sucesso na vida. Mas será que o medo é mesmo a nossa grande trava? Eu diria que não. Mas como a minha opinião é só o meu ponto de vista, busquei algumas interpretações, dentre elas a de um PhD em inteligência emocional, Daniel Goleman, para nos explicar qual é a importância do medo não só na vida cotidiana, mas para a nossa sobrevivência. No livro *Inteligência emocional* (1996), ele diz assim:

> *O medo, no curso da evolução humana, tem sido fundamental; talvez, mais do que qualquer outra emoção, tem sido crucial para a sobrevivência. É claro que, nas circunstâncias atuais, os sentimentos equivocados são a praga do*

nosso cotidiano e, por isso, vivemos inquietos, angustiados e com uma série de preocupações ou, no extremo patológico, com crises de pânico, fobias ou desordem obsessivo-compulsiva.

Em *Os cinco convites* (2018), Frank Ostaseski traz uma observação interessante sobre o medo que complementa o apresentado por Goleman:

A disposição de enfrentar o medo é um ato de coragem. O medo é tanto uma construção psicológica como uma função biológica de estímulo/resposta que envolve a liberação de adrenalina e cortisol na corrente sanguínea, o aumento da frequência cardíaca, a tensão de determinados músculos, arrepio e dilatação das pupilas. O medo é uma reação humana normal, com frequência uma resposta necessária diante de uma ameaça.

É razoável querermos proteger a nós e aqueles que amamos, mas, quando somos movidos apenas pelo medo, deixamos de usar o bom senso e tomamos decisões imprudentes. Ficamos cada vez menos dispostos a assumir riscos e a enfrentar conflitos ou desaprovações, e podemos até ficar submissos. Viver com medo pode estreitar nossa perspectiva, limitando a vida ao que é confortável e familiar.

O que os nossos amigos Goleman, pai da inteligência emocional, e Frank, pioneiro na área de cuidados compassivos, estão dizendo é: se você perder a capacidade de sentir medo, perde a tecnologia de ponta do seu corpo que lhe prepara para reações imediatas, que pode salvar a sua vida. Medo é alarme de segurança; pânico é incapacidade de ação. É preciso saber diferenciar as duas coisas.

Certo dia, durante uma entrevista ao vivo para o podcast *Pensa Cabeça*,[4] o entrevistador me perguntou assim:

— Eu costumo ter medo de altura, e gostaria de ter coragem para enfrentá-lo. Você tem alguma dica sobre o que eu deveria fazer para desenvolver a coragem de que preciso?

O que você responderia caso alguém lhe fizesse essa pergunta numa entrevista ao vivo?

Bom, se você já compreendeu que coragem é construção de segurança, pode utilizar esse conhecimento para auxiliar qualquer pessoa a ter coragem, em qualquer situação.

— Se o problema é medo de altura, a primeira providência é investigar de onde surgiu essa insegurança: um trauma talvez?

Essa foi a primeira pergunta que fiz, e a resposta dele foi imediata:

— Ouvi a minha mãe gritar a vida inteira que eu deveria me afastar sempre que me aproximava da beirada de um lugar mais alto.

Uma pessoa que cresceu ouvindo a mãe gritar o próprio medo de altura invariavelmente cresce com algum receio de altura, concorda? Acontece que, sabendo de onde tal sentimento vem, fica mais fácil acomodá-lo sem ser inundado pela emoção do medo. **Racionalizar sobre uma emoção faz ela perder força sobre você.**

Outra dica que dei ainda nesse papo foi pedir que ele se aproximasse da beirada de um lugar alto novamente, agora com o conhecimento da origem desse receio, para ver como se sentia. Só o fato de racionalizar sobre o medo, muitas vezes, é o suficiente para desfazer a historinha que contamos na nossa cabeça durante uma vida inteira. Porém, se isso não acontecer e, ao testar a sua coragem, houver uma incapacidade de ação, como um pânico, por exemplo, isso é um indicativo

---

4   Você pode assistir ao episódio em: https://www.youtube.com/watch?v=etulOleQXBM.

de que você precisa buscar ajuda profissional. Mas olha a vantagem: você busca ajuda profissional com muito mais clareza a respeito do que precisa resolver!

Um outro caso aconteceu com uma das minhas mentoradas, durante o meu Programa de Desenvolvimento de Coragem, quando conversamos sobre o medo que ela tinha de dirigir. Ela já era habilitada há alguns anos, mas sempre que cogitava a possibilidade de assumir o volante, a insegurança a paralisava.

Como exercício, pedi que ela fosse com alguém de sua confiança até um local mais calmo no fim de semana e dirigisse por um curto período de tempo, apenas para ver como se sentia. Nesse momento, ela não fazia ideia da origem do medo, não havia um trauma pregresso, nada que justificasse aquele receio.

E assim ela fez, dirigiu por cerca de vinte minutos no sábado, ficou "com a perna gelada" todo o percurso, mas conseguiu. Ou seja, não havia pânico ali. E eu receio dizer que também não havia medo...

Conversa vai, conversa vem, e ela dividiu comigo os momentos que mais amava no seu dia: a hora em que o marido a levava e buscava no trabalho. Era um momento de qualidade entre eles, quando conversavam sobre o dia de cada um, alinhavam as expectativas. Era, principalmente, um momento de cuidado dele com ela.

O que você acha que aconteceria se ela começasse a dirigir e se tornasse independente? Pois é, nem sempre o que sentimos é medo de verdade. Às vezes é só uma historinha que contamos para nós mesmos para não abrirmos mão de alguma coisa que faz sentido. Ter clareza sobre o que é real e sobre o que é apenas uma invenção é parte do caminho da construção de segurança.

Mas, então, por que eu trouxe o medo como uma trava na dicotomia da coragem? Porque muita gente associa a incapacidade de ação a ele. E apesar de eu não concordar com isso, sigo uma frase de que gosto muito: "Escritor não faz afirmação, escritor provoca pensamento". E deixo a questão aqui para você tirar a própria conclusão:

Para você, o que é o medo? É um indicativo claro de que é ali o caminho para ter uma vida de coragem, ou é apenas uma emoção ruim que lhe impede de viver plenamente como gostaria? Perceba que estamos falando do medo como uma emoção natural do nosso corpo, não do medo patológico.

E a coragem? É o próprio Wärtsilä-Sulzer 14RT-flex96C, um motor de dois tempos, turboalimentado com sistema de injeção Common-Rail.[5] Você não entendeu nada, né? Nem eu. Mas coloquei no Google "qual o motor mais potente do mundo" e apareceu isso aí.

É como eu vejo a coragem: não só como uma alavanca para o seu sucesso, mas como o motor mais potente do mundo para isso.

Bom, é preciso coragem para ter coragem, de modo que não vou me alongar no detalhamento desse motor turbo aqui, porque ele já é a protagonista de toda essa jornada pelo Mapa.

Mas para fechar com chave de ouro essa dicotomia, vou pedir licença ao poeta Bráulio Bessa para eternizar aqui um trecho da sua poesia "Medo e coragem".[6]

"*Que o medo de chorar
não lhe impeça de sorrir.
Que o medo de não chegar
não lhe impeça de seguir.
Que o medo de falhar
não lhe faça desistir.*

*Que o medo do que é real
não lhe impeça de sonhar.
Que o medo da derrota
não lhe impeça de lutar.*

---

5   MATTERA, L. Conheça o maior (e absurdamente mais potente) Motor a Diesel do mundo! **Auto-Videos**. Disponível em: https://autovideos.com.br/conheca-maior-absurdamente-mais-potente-motor-diesel-mundo/. Acesso em: ago. 2022.

6   BESSA, B. Medo. **Tudo é poema**, 16 mar. 2019. Disponível em: https://www.tudoepoema.com.br/braulio-bessa-medo/. Acesso em: ago. 2022.

*E que o medo do mal
não lhe impeça de amar.
[...]
O medo pode ser bom
serve pra nos alertar,
tem função de proteger,
mas pode nos ensinar
que às vezes até o medo
vem pra nos encorajar..."*

AUTOCOMPAIXÃO × AUTOSSABOTAGEM

*"Se alguém é cruel consigo, como podemos esperar
que seja compassivo com os outros?"*
— Hasdai Ibn Shaprut, estudioso judeu, século X

Até recentemente eu nunca tinha ouvido falar que eu deveria ser "autocompassiva". Para falar a verdade, eu nem entendia bem o que era isso. Numa sociedade em que a palavra empatia surgiu tardiamente para o senso comum, falar abertamente em autocompaixão também era uma novidade recém-chegada (e arrisco dizer que, para alguns, ainda é).

Mas, afinal de contas, o que é autocompaixão e por que a considero uma alavanca para a coragem?

Para Kristin Neff, pós-doutora em desenvolvimento moral, a autocompaixão é uma espécie de autoestima elevada, mas sem o risco de entrar no egocentrismo. Ela diz assim em seu livro *Autocompaixão* (2017):

> Depois do meu doutorado, fiz dois anos de pós-doutorado com uma pesquisadora especialista em autoestima. Queria saber mais sobre como as pessoas determinam o seu senso de autoestima, e aprendi rapidamente que o campo da psicologia estava se desencantando com a teoria da autoestima como o suprassumo da

saúde mental. Apesar dos milhares de artigos escritos sobre a importância da autoestima, os investigadores começam a apontar todas as armadilhas: narcisismo, egocentrismo, raiva hipócrita, preconceito, discriminação, e assim por diante. Percebi que a autocompaixão era a alternativa perfeita para a busca incessante de autoestima. Por quê? Porque oferece a mesma proteção contra a dura autocrítica, mas sem a necessidade de nos vermos como seres perfeitos ou melhores do que os outros. Em outras palavras, a autocompaixão proporciona os mesmos benefícios que a autoestima elevada, mas sem suas desvantagens.

De zero a dez, qual é a nota que você dá para si mesmo quando o assunto é autocompaixão? Você lida bem com os seus erros e fracassos e mantém um diálogo interno gentil, ou é daqueles que fica se massacrando e se autossabotando o dia inteiro quando faz algo ruim?

Se você é do time da autossabotagem, dificilmente será do time da coragem, sinto muito dizer. Coragem e queda são amigos íntimos, de modo que, se você for corajoso o tempo todo, vai cair em algum momento, e vai ser difícil aguentar as "autoporradas" toda vez que uma queda acontecer se não tiver compaixão consigo.

Mas que tal pensar com mais carinho sobre largar a autossabotagem – que é uma grande trava para a coragem – e correr para os braços da autocompaixão – que é uma grande alavanca? Para isso, vou lançar mão da Kristin Neff novamente, afinal de contas, ela tem um livro (2017) com trezentas páginas sobre o tema. Olha que interessante esse raciocínio:

Primeiro considere o estado mental que a autocrítica produz. Como ficaria o seu humor ao ouvir as palavras: "Você é tão preguiçoso, não serve para nada, eu te odeio? Você se sentiria energizado, inspirado, pronto para enfrentar o mundo?"

É ainda mais fácil de perceber quando pensamos em motivar outras pessoas, como as crianças. Imagine sua filha de 10 anos chegando em casa com nota baixa em uma prova. Qual é a melhor maneira de incentivá-la a adotar melhores hábitos de estudo e aumentar seu resultado na próxima prova? Você deveria criticá-la furiosamente? Dizer que ela é uma inútil e mandá-la para a cama sem jantar? Claro que não! Essas críticas duras seriam emocionalmente achacadoras e esgotariam a energia da criança para se dedicar aos estudos.

Deu para entender o conceito, certo? Se você não for parceiro de si mesmo, só vai dificultar a própria vida – e, convenhamos, ninguém quer isso, né?

E para fechar essa dicotomia, vale deixar registrado: autossabotagem não é o oposto de autocompaixão, apenas jogam em times diferentes, por isso montei essa duplinha. Enquanto a autocompaixão alavanca a sua coragem, porque lhe ajuda a se recuperar dos tombos, a autossabotagem não ajuda em nada e, para piorar, ainda atrapalha todo o rolê.

Você já parou para pensar em como pode estar se autossabotando? De novo, ter clareza é fundamental para construir segurança, então acredito que vale trazer exemplos práticos, além do diálogo interno depreciativo, de como a autossabotagem pode estar acontecendo no seu dia. Para exemplificar de maneira simples, vou trazer um trecho do livro *Pare com essa merda* (2019), de Gary John Bishop:

A autossabotagem não se limita a exemplos escancaradamente óbvios. Ela também acontece de várias maneiras sutis ao longo do dia. É algo que todos fazemos, e fazemos quase o tempo todo. Pode ser algo tão simples quanto ficar apertando aquele botão de soneca pela manhã, ou a tendência de chegar um pouquinho atrasado em compromissos agendados [...] pode ser que você pule o café da manhã e acabe se contentando com uma barra de chocolate [...] nos relacionamentos, pode ser que você discutiu a troco de nada, guardou rancor por tempo demais, escondeu suas emoções ou mentiu a respeito delas [...]

talvez a gente dê aquela desculpa de desfrutar 'apenas um' cigarro, drinque, ou pedaço de cheesecake (que, é claro, se tornam muitos), falte à consulta médica ou ao check-up, ou apenas não preste muita atenção ao próprio corpo e ao que ele está sinalizando.

Espero que você não tenha se identificado com nenhum desses exemplos e que não esteja colocando pedras pontudas no próprio caminho. Mas se por acaso estiver fazendo isso, não se culpe! Lance mão da autocompaixão, seja gentil consigo e tenha coragem de agir de maneira diferente daqui para a frente!

VULNERABILIDADE × PERFECCIONISMO

"Você não pode alcançar a coragem sem encarar a vulnerabilidade. Aceite a dificuldade."
— *Brené Brown*

Eu já falei algumas vezes sobre vulnerabilidade, mas gostaria da sua atenção só mais um pouquinho para irmos mais fundo nesse tema. Acredite em mim: se você não aceitar a sua vulnerabilidade, não terá coragem.

Mas afinal de contas, o que é exatamente essa tal de vulnerabilidade?

Vou começar diferente, listando o que vulnerabilidade não é. De acordo com a Brené, existem seis mitos a respeito desse tema, que estão listados no livro *A coragem para liderar*, que já é uma versão mais atualizada da lista disponível no livro *A coragem de ser imperfeito*, quando ela mesma acreditava que havia apenas quatro mitos sobre esse tema. Os mitos e seus argumentos, segundo Brené (2016; 2019):

1. **Vulnerabilidade é fraqueza** Vulnerabilidade é a emoção que sentimos em períodos de incerteza, insegurança e exposição emocional, de modo que ninguém no mundo nunca foi capaz de dar um único exemplo de coragem que não tenha exigido vivenciar a vulnerabilidade.

2. **Vulnerabilidade não é para mim** Viver é experimentar momentos de incerteza, insegurança e exposição emocional, não sendo possível evitá-los. Fingir que a vulnerabilidade não é para você é deixar o medo guiar o seu pensamento e o seu comportamento sem a sua participação.

3. **Eu consigo sozinho** Somos programados para nos conectar, fazer vínculos verdadeiros. Na ausência de um vínculo autêntico, nós sofremos. Lembre-se do Joel Jota: "Pessoas precisam de pessoas".

4. **Você pode usar a engenharia para se livrar da incerteza e do desconforto da vulnerabilidade** Bom, esse mito é fácil de derrubar, né? Já pensou escolher a melhor frase do aplicativo de "DRs" para sair fora daquela conversa difícil? Seria ótimo, mas não dá!

5. **A confiança vem antes da vulnerabilidade** "A confiança e a vulnerabilidade crescem juntas, e trair uma delas é o mesmo que destruir as duas."

6. **Vulnerabilidade é exposição** "Vulnerabilidade tem a ver com compartilhar sentimentos e nossas experiências com pessoas que compartilharam o direito de conhecê-los. Estar vulnerável e aberto passa pela reciprocidade e é uma parte integrante do processo de construção de confiança."

Descobri que – uau! – vulnerabilidade não é nada do que eu pensei que fosse quando comecei a estudar sobre ela. Mas como ver é irreversível, espero que agora você esteja enxergando-a da mesma maneira que eu, e que nunca mais ouse camuflá-la sob o manto do perfeccionismo, por exemplo.

E falando em perfeccionismo, por que buscar a perfeição seria uma trava para a nossa coragem? Vamos começar com três perguntas:

1. O que seria uma coisa perfeita?
2. Como garantir que o que é perfeito para um é perfeito para o outro?
3. Que arrogância é essa que faz alguém achar que pode fazer algo perfeito?

A perfeição mora na subjetividade, ou seja, faz parte da sua interpretação individual, e pode não ser válida para todo mundo. A verdade é que jamais será, né? Não existe unanimidade em gostos pessoais.

Dito isso, procure entender que o perfeccionismo é uma tática defensiva. A busca por "parecer ou fazer perfeito" é uma tentativa de minimizar sentimentos como vergonha, julgamento ou culpa. Ou seja, é um atraso de vida que você pode resolver com alguns passos: abraçando a sua vulnerabilidade, estando disposto a correr o risco da exposição emocional e da incerteza e aceito o fato de que não pode controlar o resultado de tudo.

ENTORPECIMENTO × RENOVAÇÃO DE VERDADE

"Não se trata das suas atitudes, mas o motivo por trás delas é que faz a diferença."
— Jennifer Louden

Entorpecimento, também conhecido como amortecimento, é qualquer coisa que traga alívio temporário e breve satisfação. Por ser uma forma de gratificação instantânea, precisa ser bem administrado, antes que se torne vício. Ao manter esse padrão de comportamento, nos tornamos cada vez menos capazes de suportar até mesmo as menores inquietações e desconfortos. É um caminho perigoso, já que se entorpecer é uma forma de evitar, que é uma maneira simples de "aguentar sem ter de enfrentar".

E a ideia aqui não é passar uma vida inteira evitando, certo? Precisamos estar conscientes e renovados para enfrentar o que for preciso, por mais difícil que seja.

Na obra *Propósito* (2016), Sri Prem Baba, líder humanitário e espiritual, diz:

No mais profundo, os amortecedores são mecanismos de fuga de nós mesmos. Isso significa que através deles perdemos a presença e, consequentemente, o comando do nosso veículo. [...] Identificar os amortecedores não é difícil, basta querer. E ao optar por esse reconhecimento, você pode voltar a fazer uso da sua capacidade de auto-observação.

O autor também propõe um exercício:
1. Liste elementos (objetos, situações, sentimentos ou emoções) que, no seu dia a dia, funcionam como distrações e roubam a sua energia. Exemplos: conversar no WhatsApp, navegar nas redes sociais, falar ou comer demais, encontrar determinada pessoa, ter certa mania, sentir ciúme de alguém...

Eu complementaria ainda com outros exemplos: cigarro, álcool, drogas, sexo, jogos de azar, compras, rotinas superocupadas, aventuras amorosas, caos, pornografia etc.

2. Ao identificar esses elementos amortecedores, faça uso da austeridade para removê-los. Exemplos: experimente ficar duas ou três semanas sem comer açúcar ou sem tomar café. Caso você se sinta maduro o suficiente, experimente ficar sem nenhum amortecedor.

Eu gostaria que repetir a frase com a qual iniciei essa dicotomia: "Não se trata das suas atitudes, mas o motivo por trás delas é que faz a diferença". A escritora Jennifer Louden ainda complementa no livro de Brown (2019): "Você pode comer um pedaço de chocolate como um momento sagrado de doçura – um conforto verdadeiro – ou pode devorar uma barra de chocolate inteira sem nem conseguir saboreá-la numa tentativa frenética de se acalmar". O que está de fato acontecendo? O que está implícito no entorpecimento?

Caso você tenha realizado o exercício proposto pelo Prem Baba, é importante tentar reconhecer o motivo pelo qual o comportamento de entorpecimento está sendo disparado. Qual é a origem do desconforto que você sente quando busca amortecimento? Está fugindo de alguma coisa?

Uma pessoa segura sabe o que faz e por que faz. Durante todo este livro, estamos buscando ferramentas e entendimentos que nos auxiliem no processo de construção de segurança, certo? Então sair do automático quando o assunto é entorpecimento requer investigação de causa. Imagine alguém indo ao médico querendo um remédio e dizendo algo assim: "Eu não estou buscando a cura. Estou buscando uma forma de esquecer que está doendo". Não faz muito sentido, né?

Para Brené Brown (2019):

As consequências do entorpecimento ou do alívio de tensão não são as mesmas do vício, mas ainda assim elas são graves e marcantes por um motivo: não é possível entorpecer os sentimentos de forma seletiva. Se entorpecemos a escuridão, também entorpecemos a luz. Se fugimos da dor e do desconforto, acabamos fugindo da alegria, do amor, do pertencimento e das outras emoções que dão sentido às nossas vidas.

> **IMPORTANTE:** SE VOCÊ ACREDITAR QUE PASSOU DO NÍVEL DO ENTORPECIMENTO, E ESTÁ DE FATO VICIADO (NO QUE QUER QUE SEJA), PROCURE AJUDA PROFISSIONAL. É MUITO IMPORTANTE CONTARMOS COM APOIO NESSES MOMENTOS PARA QUE POSSAMOS SAIR MAIS FORTES DA SITUAÇÃO.

Se o entorpecimento é uma trava para a coragem (já viu algum corajoso precisando se entorpecer para não ter que enfrentar alguma coisa?), a renovação de verdade é uma alavanca. Chamo de renovação de verdade o que de fato traz frescor, permite reflexão e reconexão consigo.

Costumo trazer essa dicotomia para o meu Programa de Desenvolvimento de Coragem, porque acredito que não há coragem sem enfrentamento, e todos nós tendemos a sair pela tangente quando o assunto fica sério. Então, volta e meia tem algum mentorado se entorpecendo mais do que deveria. Uma vez, um deles me falou assim:

— É mais fácil tomar um pote de sorvete, maratonando o dia todo na Netflix, do que fazer alguma coisa que me renove, até porque eu não faço a menor ideia do que me renova de verdade.

Nas entrelinhas, ele mostrou um grande problema do entorpecimento: está sempre à mão, é alívio fácil, e a pessoa sabe exatamente onde buscá-lo. E, pensando nisso, propus que ele fizesse duas coisas:

→ Checar a casa de maneira geral, para reconhecer quantos entorpecentes em potencial estão de fácil acesso;

→ Fazer uma lista de coisas que gosta de fazer e que têm potencial de renovação de verdade.

Se você fizer o primeiro passo por aí, quantos entorpecentes em potencial vai encontrar? E o segundo? Será que temos clareza sobre o que tem potencial de nos renovar? Se não, fique tranquilo, vamos pensar juntos em algumas opções:

→ Meditação, oração ou qualquer prática de aquietamento mental;

→ Exercício físico, que pode ser até uma simples caminhada;

→ Playlist com as músicas especiais;

→ Playlist com os podcasts interessantes (de preferência com assuntos inspiradores);

→ Contato com a natureza;

→ Aromaterapia (incenso, vela aromática, difusor de óleo essencial);

→ Cromoterapia (por exemplo, trocar a luz branca do banheiro por luz azul, que é a cor associada à tranquilidade);

→ Criação de rituais personalizados que façam sentido na sua rotina de renovação. Exemplo meu: eu amo tomar banho quente à noite, apenas

com uma vela aromática acesa, escutando a minha playlist favorita, é um ritual que me renova;
→ Rede de apoio (com quem posso desabafar sobre o que estou sentindo? Escolha bem a pessoa desse momento. Tem gente que tem o poder de nos resgatar, e tem gente que termina de pisar na nossa cabeça. Eu diria que a rede de apoio é o principal aliado na renovação de verdade, portanto, cultive a sua em todos os momentos, de alegria e de dificuldade);
→ Atividades artísticas;
→ Atividades lúdicas.

Você pode estar se perguntando: "Mas vários itens dessa lista têm potencial de distração, assim como os entorpecentes. Qual é o benefício exato de fazer essas coisas então?". É simples: a intenção por trás dessas ações.

Você busca nas drogas o mesmo que busca na natureza? Ou no brincar saudável, o mesmo que busca nos jogos de azar? Entenda que a gente pode fazer tudo, mas vale levar em consideração o que a escritora Louden afirma no livro de Brené Brown (2019): "Existe conforto e existem sombras de conforto". Precisamos estar atentos e conseguir diferenciar.

CURIOSIDADE × COMODISMO

"A curiosidade é desviante."
— Ian Leslie

Quantas vezes você foi estimulado a estudar sobre como poderia desenvolver a coragem em você mesmo? Quantas vezes foi orientado de maneira prática — ou mesmo teórica — sobre como construir segurança? Aliás, em que momento você se deu conta de que a construção de segurança é o principal pilar da coragem e, portanto, a chave da sua liberdade? Quantas vezes teve clareza e consciência sobre estar se acovardando diante da vida ou mesmo se precipitando? Eu aposto que só quando você iniciou a leitura desta obra, acertei?

Não existe busca ativa por conhecimento se não houver curiosidade, se estivermos acomodados. E o *Mapa da coragem* é o resultado de uma grande curiosidade: eu quis entender cada detalhe da minha vida a fim de potencializar o que eu tenho de bom e minimizar o que tenho de ruim.

Enquanto eu estudava e tentava ligar os pontos, cheguei a algumas equações que representam pontos importantes da minha trajetória e que, provavelmente, se encaixam na de outras pessoas também. Vejamos se você se identifica:

 VIVÊNCIA + INEXPERIÊNCIA + EGO = APRENDIZADO PASSIVO

Essa equação significa o seguinte: você simplesmente vai vivendo, tateando sem saber o que deve ser feito e o que esperar dessas coisas, apoiando as decisões dessa vivência nos devaneios do ego e na necessidade de adequação. O lado bom desse momento é que alguma coisa você aprende, ainda que seja inconsciente. É o que eu chamo de aprendizado passivo.

Porém, se você continuar a sua caminhada de evolução pessoal, vai se deparar com situações difíceis e aumentar o seu repertório de resiliência. Então, quando viver determinada situação, ainda que tudo dê errado, você não recomeçará do zero, pois o recomeço parte de uma experiência anterior com a qual você já aprendeu. E, a partir disso, vamos para uma nova equação:

 EXPERIÊNCIA + CONSCIÊNCIA − EGO = APRENDIZADO ATIVO

Ela representa uma fase em que o seu aprendizado é consciente. Você já entende que o ego é um sabotador, e diminui muito o volume dele para que os devaneios que surgem já não sejam mais tão ouvidos e considerados. Você não precisa mais se adequar tanto, pois está mais presente no aqui e no agora.

Como somos seres em constante evolução, e o aprendizado ativo é o nosso maior patrimônio, a ideia é começar uma nova equação para que o resultado dela represente o destino deste Mapa:

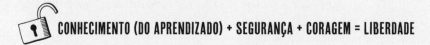

CONHECIMENTO (DO APRENDIZADO) + SEGURANÇA + CORAGEM = LIBERDADE

Porém eu só consegui mapear essas equações e ter mais clareza sobre a minha vida, encontrando a verdadeira coragem, porque não dei ouvidos ao maior obstáculo da curiosidade: o comodismo.

Essa é a atitude de evitar dificuldades e responsabilidades; é preguiça, prostração, inércia... É como o "poço seco" do qual falamos anteriormente. Sem vontade de mudar, sem aprendizado e sem conhecimento não sentimos curiosidade nem pelo que pode melhorar o nosso dia a dia.

O resultado disso é que a pessoa que tem atitude comodista apenas reage ao desenrolar dos dias, deixando a vida passar e sem se dar conta de que a inércia é uma grande trava que a impede de acessar a coragem e, portanto, a liberdade de escolher para onde quer de fato ir. **_Curiosidade é o que nos leva a agir, o que nos leva a encontrar a nossa coragem_**; e uma atitude cômoda com relação à vida impede todo esse percurso.

INTELIGÊNCIA EMOCIONAL × DESPREPARO EMOCIONAL

"Não somos máquinas de pensar. Somos máquinas de sentir que pensam."
—Antônio Damásio

Empresto aqui uma pequena historinha que Goleman (1996) apresentou e que vai nortear a nossa conversa sobre inteligências emocional.

Um guerreiro samurai, conta uma velha história japonesa, certa vez desafiou um mestre Zen a explicar os conceitos de céu e do inferno. Mas o monge respondeu com desprezo:

— Não passas de um bruto... Não vou desperdiçar meu tempo com gente da tua laia!

Atacado na própria honra, o samurai teve um acesso de fúria e, sacando a espada da bainha, berrou:

— Eu poderia te matar por tua impertinência.

— Isso — respondeu calmamente o monge — é o inferno.

Espantado por reconhecer como verdadeiro o que o mestre dizia a respeito da cólera que o dominara, o samurai acalmou-se, embainhou a espada e fez uma mesura, agradecendo ao monge a revelação.

— E isso — disse o monge — é o Céu.

Essa fábula foi escolhida para ilustrar a dicotomia inteligência emocional × despreparo emocional porque eu gostaria que fixasse uma mensagem: sem consciência do que sentimos, não conseguimos dominar as emoções, pois aí são elas que nos dominam. A fúria do samurai simplesmente desaparece quando ele compreende o que está sentindo e não permite que a raiva assuma a dianteira do seu comportamento.

Ouvi de um professor que "a inevitabilidade orgásmica da raiva pode desencadear uma cascata de comportamentos incontroláveis, progredindo até um final desastroso. Agressividade é a expressão motora da raiva". A raiva, geralmente, é a dificuldade em lidar com uma frustração. Imagine machucar alguém por não ter inteligência para lidar com essa emoção? Por descontar em alguma pessoa um sentimento que está eclodindo dentro de você?

Trouxe a raiva como exemplo porque ela é uma emoção de fácil compreensão: você sabe exatamente como se sente quando está com raiva.

Mas o que causa esse sentimento? Por é, a raiva é somente o sintoma, não a causa.

Compreender que os sentimentos têm uma narrativa, uma história e uma razão de ser ajuda a investigar a causa. Afinal, os sentimentos surgem a partir das experiências que vivemos.

> TAMBÉM É IMPORTANTE SABER DIFERENCIAR AS LINHAS TÊNUES ENTRE OS SENTIMENTOS, COMO: VERGONHA × CULPA SE DIFERENCIAM NA NECESSIDADE DA PERSPECTIVA ALHEIA.
>
> **VERGONHA:** O OUTRO TEM QUE EXISTIR NO CONTEXTO DIRETO (VERGONHA DE TER FEITO OU NÃO FEITO ALGO E SER JULGADO NEGATIVAMENTE POR ALGUÉM);
>
> **CULPA:** SENSAÇÃO SUBJETIVA QUE NÃO PRECISA DA PRESENÇA DO OUTRO (POSSO ME SENTIR CULPADO POR FAZER UMA COISA MESMO QUE NINGUÉM FIQUE SABENDO).

Desenvolver inteligência emocional é como se alfabetizar em um idioma. Se você souber falar inglês, fica mais fácil pedir o que precisa nos Estados Unidos, certo? **Se você souber nomear o que sente, fica mais fácil processar o que fazer com essa emoção.**

Outro ponto importante é compreender que os sentimentos dos quais tentamos fugir sempre se tornam mais fortes. É como aquele monstro que vive no escuro e que vai ficando cada vez mais assustador, até enfrentarmos ele. Reconhecer, nomear, descobrir a causa e enfrentar as emoções é um caminho interessante para começar a desenvolver inteligência emocional.

E por que inteligência emocional é uma alavanca para a coragem? Primeiro porque é preciso domínio emocional para enfrentar os desafios de uma vida corajosa — e de mais domínio ainda para se recuperar das quedas que tais atos de coragem vão proporcionar.

Já o despreparo emocional é o oposto de tudo o que falamos até aqui. É quando não conseguimos identificar nem nomear as emoções, muito menos lidar com elas. No despreparo emocional, a chave do seu veículo está nas mãos dos seus "divertidamentes"[1] enquanto eles alternam descontroladamente o controle da direção.

Ficou claro por que o despreparo emocional é uma trava para a coragem? O comando não é seu, portanto não há segurança nas ações. E não há coragem sem segurança. Há ansiedade, afobação e precipitação, caso seu "divertidamentes" decidam que está na hora de você se jogar em alguma aventura!

EMPATIA × VERGONHA

> *"Empatia é a essência da conexão. Vergonha é a essência da desconexão."*
> — Brené Brown

Sempre que penso na palavra empatia, fico me perguntando como cresci sem nunca ter ouvido falar dela. "Empatia é simpatia?", lembro de ter perguntado a uma amiga mais velha, e ela respondeu: "Não! Empatia é mimimi". Quem de nós duas será que estava mais errada, hein?

Mimimi é a indiferença pela dor que só dói no outro. Empatia é se conectar com a emoção do próximo no momento em que ele precisa da gente. Ou, como diria Brené Brown (2019), "Empatia é a escolha ousada de estar ao lado de alguém na escuridão". E não só na escuridão: **a empatia faz com que a gente veja o mundo como os outros veem; é a habilidade de assumirmos uma perspectiva diferente.**

Sabe quando você tem uma verdade formatada a respeito de determinada coisa e, quando alguém fala algo diferente da sua constatação, você ouve com a mente distante, sem prestar atenção de fato, porque aquilo não faz parte da sua verdade? Pois é, não há empatia aí. "Ah, mas empatia não é concordar com tudo!" E não é mesmo, mas sem estar 100% presente no que o outro está falando, a empatia não consegue existir.

---

[1] Se você não assistiu *Divertidamente*, filme da Pixar lançado em 2015, recomendo que prepare uma sessão de cinema o quanto antes!

E como desenvolver habilidades de empatia?

→ Veja o mundo como os outros veem ou enxergue pontos de vista diferentes. Considere a verdade do outro como uma verdade completa, não apenas como uma versão fora da sua crença;

→ Não julgue as pessoas – e há duas maneiras de prever quando vamos julgar os outros: 1. julgamos quando se trata de áreas que somos mais propícios à vergonha; e 2. julgamos pessoas que estão se saindo pior do que nós nessas áreas;

→ Entenda os sentimentos de outra pessoa;

→ Comunique o que entender dos sentimentos do outro, validando-os. Para comunicar o que entendemos dela, precisamos entrar em contato com os nossos próprios sentimentos também;

→ Tenha atenção plena, vivendo o aqui e o agora;

→ Enfrente as emoções negativas de maneira equilibrada para que os sentimentos do outro não sejam sufocados nem exagerados.

Sobre esse último item, gostaria de lhe fazer uma pergunta: Quantas vezes você tentou consolar alguém que estava sofrendo usando qualquer palavra, apenas para se livrar do próprio desconforto?

— Perdi meu bebê.

— Ah, mas você é jovem! Logo estará grávida de novo!

Ou então:

— Não passei na entrevista de emprego.

— Fica em paz, o que não falta é empresa por aí!

Não há empatia em nenhuma dessas frases de "consolo" porque não há interesse genuíno em acolher a dor do outro. Ou seja, não há conexão emocional.

Agora vamos usar esse mesmo exemplo e criar outra situação. Imagine que o jovem que não passou na entrevista de emprego, algo importante para ele, tivesse cantado vitória antes do tempo e todos estivessem na expectativa dessa contratação, que não aconteceu.

DIÁLOGO 1: TENDO EMPATIA

— Mãe, eu não passei na entrevista de emprego.

— Quer que eu faça a sua sopa favorita para acalmar um pouquinho o seu coração?

DIÁLOGO 2: CAUSANDO VERGONHA

— Mãe, eu não passei na entrevista de emprego.

— Estranho seria se passasse, né, meu filho? Não sei por que você achou que passaria.

Empatia é a essência da conexão. Vergonha é o receio da desconexão.

E, sobre essa relação, no livro *Eu achava que isso só acontecia comigo* (2019), Brené Brown diz:

> *Se sentir-se conectada é sentir-se valorizada, aceita, merecedora e ratificada, então sentir-se desconectada é sentir-se diminuída, rejeitada, indigna e inferior. [...] A vergonha pode nos levar ao desespero. As reações a essa necessidade desesperada de escapar do isolamento e do medo variam de problemas comportamentais e explosões de temperamento até a depressão, automutilação, distúrbios alimentares, vícios, violência e suicídio.*

Onde há vergonha, quase sempre falta empatia. É o que torna a vergonha perigosa, além dos seguintes pontos:

→ Todos nós temos; é um sentimento inevitável. Não podemos simplesmente decidir não sentir mais vergonha a partir de hoje;

- → A palavra vergonha, por si só, já é desconfortável;
- → Quanto menos falamos sobre a vergonha, mais ela controla a nossa vida;

E por mais que não seja possível resistir à vergonha, podemos desenvolver resiliência a ela:
- → Entendendo o que lhe causa vergonha e reconhecendo seus gatilhos;
- → Praticando a consciência crítica;
- → Pedindo ajuda;
- → Falando sobre ela (sabe quando temos um segredo que nos domina enquanto ninguém sabe, mas que perde o poder de lhe dominar quando é revelado? Com a vergonha acontece a mesma coisa).

A empatia alavanca a nossa coragem, mas a vergonha trava. E, para fechar essa dicotomia, vamos para um último exemplo:

Imagine que você está no auditório da Universidade, realizando a defesa do seu TCC e, durante a apresentação, tem um "branco". Você perde o raciocínio completamente, e é inundado por uma sensação de desespero de estar diante da plateia. Você pede cinco minutos de intervalo para ir ao toalete se recompor e, na primeira hipótese, ouve de um dos professores da banca:

— Tome o tempo que precisar, e se tranquilize. Nós acreditamos em você.

Na segunda hipótese, você escuta:

— Não tenho tempo a perder com aluno despreparado. Para dar um vexame como esse, não deveria nem ter vindo.

Em qual das situações você teria coragem de retomar a apresentação?

AUTOCONHECIMENTO × AUTOPROTEÇÃO

"A caverna que você tem medo de entrar guarda o tesouro que você busca."
— Joseph Campell

Vamos pensar assim: autoconhecimento é o soldado que está na linha de frente e é o responsável pela estratégia de avanço do exército. Autoproteção é o soldado que não sai do lugar e só fica atrás do escudo. Gostou da minha comparação? Tudo bem, é meio tosca, mas a ideia é a seguinte: nas batalhas da vida, todos nós somos convidados a lutar. Onde você se encaixa no exército?

O caminho do autoconhecimento é mais cansativo, por vezes doloroso, mais longo, mas é extremamente recompensador. É o que faz você avançar em direção aos seus objetivos. Sem ele, dificilmente você vai ter coragem para implementar a vida que deseja por um simples motivo: você nem sabe que vida é essa.

O autoconhecimento é uma alavanca para a coragem porque fortalece sua autoconfiança e autoestima; economiza tempo perdido porque melhora o processo de tomada de decisões — que tendem a ser muito mais assertivas para o futuro que deseja construir; contribui para identificar seus limites e limitações; ajuda a evitar situações prolongadas de estresse e sofrimento. É a infraestrutura necessária para sustentar o aparelho emocional. Enfim, **se conhecer é um grande ato de coragem, e arrisco dizer, o melhor deles** — tanto que dedicamos boa parte desse livro para olhar para dentro, certo?

Já a autoproteção, no sentido que eu estou trazendo aqui, é uma trava para a coragem porque vem com o objetivo de não se machucar, não se expor, não correr riscos. É como viver a vida em estado de hibernação constante, sem nunca ver o que tem fora da caverna. Nesse contexto, quem vive se autoprotegendo está sempre criando historinhas na própria cabeça que justificam a inabilidade para protagonismo e ação.

CÍRCULO VIRTUOSO × CÍRCULO VICIOSO

"Faça a cada dia algo que o aproxime um pouco mais de um amanhã melhor."
— Doug Firebaugh

O que eu chamo de círculo vicioso aqui é um pensamento de autossabotagem que culmina em um comportamento semelhante a uma avalanche: uma pedrinha que se desprende da montanha, vai ficando cada vez maior e mais coberta de gelo, até se tornar gigantesca.

Você começa pensando numa coisa ruim e agregando outra pior ainda nesse pensamento. Já parte do princípio de que não vai conseguir, fica inseguro e pessimista. E, na mesma medida, enriquece o próprio repertório de historinhas na sua cabeça que justificam não sair desse *looping* vicioso. É como se existisse o tempo todo um diálogo mental buscando justificar o que está sendo feito para não precisar encarar o desgaste que é mudar um padrão mental. Isso quando há consciência de que padrões mentais podem ser ajustados. Muitas vezes, nem isso acontece: "Ah, não preciso me arrumar, não preciso agradar ninguém"; "Treinar para quê? Eu vou comer porcaria mesmo e pronto"; "E daí que eu precisava entregar o trabalho pronto hoje? Ninguém vai entregar mesmo"...

Aliás, a procrastinação recorrente é um exemplo de círculo vicioso. Procrastinar se torna um *modus operandi* mental que sobrecarrega a rotina e causa ansiedade, principalmente quando as cobranças começam a surgir.

O círculo vicioso não necessita de plateia, então você não precisa dar satisfação a ninguém sobre o que está fazendo. Se na sua cabeça a justificativa for o suficiente para continuar nesse caminho, pronto. É um processo cíclico e automático. Você não pensa por que está agindo dessa maneira; você simplesmente aprendeu inconscientemente que esse caminho mantém a zona de conforto sob controle. Nesse ritmo de pensamento, cheio de vícios mentais, parece natural a forma como aceita debilidades, incapacidades e inseguranças. Esse estado de aceitação confuso se mistura a uma imagem depreciativa de si mesmo e, antes que você se dê conta, o seu modo de pensar tira o brilho da própria vida.

Acredito que já está justificado por que o círculo vicioso é uma trava para a coragem, certo? É um lugar repleto de inseguranças.

Já o círculo virtuoso tem a mesma dinâmica, porém gira para o lado bom. A sequência de sentimentos, pensamentos e ações é positiva e permite uma reação em cadeia, na qual uma coisa abre espaço para outra melhor ainda.

Imagine que você decide começar uma atividade física, e então resolve rever a alimentação "porque não dá, né? Sacrificar a primeira hora da manhã na academia e perder tudo na alimentação seguinte não rola". Com atividade física e alimentação em ordem, o sono e a digestão passam a ser melhores, e a produtividade então, nem se fala! E o que dizer sobre se sentir mais bonita, mais atraente? Daí você sente vontade de se arrumar mais, sair mais, estar mais com os amigos... Então você se vê plenamente dentro do círculo virtuoso e a vida ganha um novo brilho!

Conseguiu captar a ideia? Um pensamento justifica o outro, e as ações acontecem de acordo com as justificativas, que podem ser saudáveis ou prejudiciais. A dinâmica da reação em cadeia é exatamente igual, mas uma tem o poder de travar a sua coragem e a outra pode alavancá-la!

CONHECIMENTO × SOBRECARGA MENTAL

"Aprender é explicitar o conhecimento por meio de uma performance melhorada."
— *Conrado Schlochauer*

Você já ouviu falar no termo "infotoxicação"? Arrisco dizer que pode até o conhecer, mas tenho certeza de que já se sentiu "infotoxicado" pelo menos uma vez na vida. Sabe aquele curso on-line que desperta uma vontade enorme de aprender mais? Mas que basta comprar que a vontade de fazer as aulas desaparece do nada? Pois é, enquanto muitos estudam como tornar as ofertas irresistíveis ao nosso cérebro, a gente consome sem filtro e se afoga em meio a tanta informação. Lives, notícias, feed do Instagram, Twitter, WhatsApp e seus milhões de grupos, TV, YouTube, podcasts... a gente se depara com criadores de conteúdo por todos os lados (inclusive eu). E, para piorar, cada informação que a gente **não** buscou ativamente, que simplesmente brotou na nossa frente, tem o poder de mexer com as nossas emoções.

Como ter coragem com toda essa sobrecarga mental? Como ter clareza para desenhar uma estratégia para agir com segurança?

Pois é, estamos presenciando um momento histórico: nunca antes na história da humanidade se compartilhou tanta informação. E o pior... os números não param de crescer. Quantas novas informações foram disponibilizadas mundialmente somente enquanto eu digitava esta frase? Parece loucura, né? Entramos num jogo, mas não nos ensinaram as regras.

Para deixar a brincadeira mais equilibrada, trouxe aqui algumas sugestões para você verificar se elas fazem sentido no seu dia a dia:

- → **DESATIVE TODAS AS NOTIFICAÇÕES**. Imagine estar realizando uma tarefa importante e o seu despertador tocando a cada minuto. Nenhuma concentração resiste a tanta interferência;
- → **EVITE ACESSAR O CELULAR AO ACORDAR**. Como falei, as informações simplesmente brotam na nossa frente sem qualquer curadoria, e elas têm o poder de mexer nas nossas emoções. Decida qual deve ser o primeiro alimento da sua alma ao acordar, e não aceite o primeiro ladrão de esperança que aparecer;
- → **FAÇA UMA CURADORIA** sobre os assuntos que lhe interessam de fato, e que fazem sentido para o futuro que você deseja. Já que o algoritmo mostra quinhentas geladeiras quando você pesquisa por uma, use essa inteligência artificial a seu favor. "Informe" ao algoritmo quais são as suas preferências;

→ **ESCOLHA OS VEÍCULOS** de que mais gosta para se atualizar das notícias. Busque proativamente a fonte de notícia, não aceite se intoxicar com o que aparecer sem ser chamado.

E quanto ao conhecimento? Por que é uma alavanca para a coragem?

Não sei quantos anos você tem, nem se já saiu da faculdade, mas acredito que em algum momento da vida já passou por essa experiência: Sabe quando você precisava apresentar um trabalho na escola na frente dos colegas? Como se sentia quando não tinha conhecimento suficiente sobre a matéria, mas ainda assim precisava apresentar? E mesmo que nunca tenha passado por isso, consegue imaginar a sensação de medo e insegurança só de se imaginar em um momento como esse?

Agora imagine o contrário. Você estudou a matéria, adquiriu conhecimento, está seguro sobre o assunto. Como se sente? Com mais medo ou mais coragem?

"Mas, Fabi, adquirir informação é uma forma de conhecimento." E é mesmo! Mas o segredo aqui é entender qual tipo de informação vale a pena absorver para transformá-la em conhecimento. Eu consumo informação de todos os tipos sobre coragem, e quanto mais eu consumo, mais conhecimento acumulo. **A grande questão aqui é alinhar o que você consome com quem quer ser, e fazer uma curadoria das fontes que abordam esse assunto.** E claro: abrir espaço para o lazer, para consumir memes e bobeirinhas, mas sempre no controle do consumo. A sobrecarga mental é fruto do descontrole, e não do consumo saudável.

REDE DE APOIO × AUTOSSUFICIÊNCIA

"Pessoas precisam de pessoas."
—Joel Jota

Queria ter certeza de que a escolha da palavra "autossuficiência" era adequada para essa dicotomia, então busquei assim no Google: "o que é ser uma pessoa autossuficiente" e a primeira resposta que apareceu foi: "1. Condição do que se basta a si próprio. 2. Contentamento excessivo consigo mesmo, orgulho, petulância".

Pronto, eu e o Google concordamos: autossuficiência carrega, desde a sua definição, uma grande trava para a coragem: o orgulho. E não é o orgulho bom, sentimento que experimentamos quando vemos nossos filhos brilharem, por exemplo. O orgulho presente na autossuficiência é repleto de soberba, vaidade, arrogância. Consegue imaginar alguém arrogante sendo vulnerável? Se coragem passa por aceitação de vulnerabilidade, uma pessoa arrogante e soberba é covarde por definição.

Fazendo a dicotomia com a autossuficiência, temos um dos principais pilares para a construção de segurança: a rede de apoio. Pessoas precisam de pessoas. Essa é a essência da nossa condição humana.

Quem são os soldados do seu exército? Quem entra na batalha ao seu lado quando você se arrisca numa manobra corajosa? Talvez você nunca tenha pensado sobre a melhor forma de montar a sua rede de apoio, talvez as pessoas simplesmente tenham aparecido em sua vida sem nenhum pensamento consciente, e não há nenhum problema nisso. Mas podemos fazer melhor!

E se você passar a ter consciência sobre o papel de cada pessoa na sua vida? Ter essa clareza pode lhe ajudar a potencializar as relações e a aumentar ainda mais a sua rede.

Segundo Tiago Brunet (2020), autor do livro *Especialista em pessoas*, existem três esferas da amizade, e você pode usar elas para revisar, formatar e categorizar a sua rede de apoio. Ele divide em "amigos íntimos", "amigos necessários" e "amigos estratégicos", e a ideia por trás dessa categorização é essa aqui:

→ **AMIGOS ÍNTIMOS** são aqueles com quem podemos dividir as nossas vulnerabilidades, nossos sonhos, nossos projetos e nossas vitórias;

→ **AMIGOS NECESSÁRIOS** são aqueles que nós precisamos emocionalmente. São os amigos do barzinho no sábado à noite, aqueles que têm o poder de nos alegrar, que amamos a companhia, mas para quem nem sempre devemos contar os nossos sonhos ou as nossas vitórias;

→ **AMIGOS ESTRATÉGICOS** são aqueles que nos aproximamos por estratégia, mas sem ser interesseiro. A motivação da aproximação é gerar uma troca "ganha-ganha", e não sugar o outro.

Essa separação é interessante porque nos ajuda a pensar sobre a própria rede de apoio. *Quem são os meus amigos íntimos? Quem são os necessários? E quem são os estratégicos que preciso trazer para a minha rede?*

Outro ponto interessante é compreender que encontramos habilidades de empatia diferentes em uma mesma pessoa. Além de categorizar as esferas de amizade, você pode dividir também os assuntos abordados com cada uma delas. Por exemplo: você está acima do peso e acabou de ser demitido. A sua mãe pode ser maravilhosa para o acolher com o assunto demissão, por acreditar que você fez tudo que pôde e foi injustiçado; mas, ao mesmo tempo, ser daquelas que acredita que o sobrepeso é desleixo seu.

Quando precisar falar sobre recolocação profissional, sua mãe será uma excelente opção. Mas talvez um amigo seja o melhor incentivo para começar um processo de emagrecimento. É muito importante ter essa sensibilidade na hora de escolher o assunto e a pessoa da rede de apoio para cada situação em que você precisa de ajuda.

E não menos importante é saber diferenciar quem faz parte da nossa rede de apoio de verdade e quem apenas convive conosco — isso vale inclusive para a família. Não é porque alguém divide o código genético que possui também uma vontade genuína que você fique bem, caso precise de auxílio.

ESTAMOS ACOSTUMADOS A NÃO PEDIR O QUE PRECISAMOS E DEPOIS FICARMOS RESSENTIDOS POR NÃO TER RECEBIDO TAL COISA, COMO SE FOSSE ÓBVIO PARA O OUTRO ADIVINHAR AQUILO QUE SÓ ESTÁ NA NOSSA CABEÇA. A REDE DE APOIO É EXATAMENTE O QUE O NOME ESTÁ DIZENDO: UMA REDE PARA AMPARAR, SUSTENTAR, AUXILIAR. EXPECTATIVAS INVISÍVEIS SÓ MORAM NA MENTE. NÃO ESPERE O OUTRO ADIVINHAR, PEÇA AJUDA!

PONTOS FORTES × PONTOS FRACOS

"Ao aperfeiçoarem seus pontos fortes, as pessoas têm um potencial de crescimento muito maior do que ao tentarem corrigir suas deficiências."
— *Gallup Institute*

Montei essa dicotomia baseada nas pesquisas do Instituto Gallup, que há mais de quarenta anos estuda o que há de positivo nas pessoas. No livro *Descubra seus pontos fortes 2.0* (2019), há a seguinte passagem:

Estávamos cansados de viver em um mundo que girava em torno da ideia de corrigir fraquezas. O foco implacável da sociedade nas dificuldades dos indivíduos havia se transformado numa obsessão mundial. E mais: havíamos descoberto que, ao aperfeiçoarem seus pontos fortes, as pessoas têm um potencial de crescimento muito maior do que ao tentarem corrigir suas deficiências.

Se o objetivo desse Mapa é você entender como construir segurança para ter coragem, saber que o seu potencial de crescimento está em desenvolver os pontos fortes ajuda bastante a encontrar o tesouro, certo? Em vez de ficar tentando corrigir os pontos fracos, busque potencializar o que você tem de melhor!

"Ah, mas aí eu vou ficar inseguro com os meus pontos fracos." Apenas como provocação: você tem clareza sobre quais são os seus pontos fracos?

Pergunto isso porque vejo muita gente criar impeditivos com relação ao autodesenvolvimento apenas como desculpa para não precisarem lidar com o trabalho que dá se desenvolver. Mas espero que esse não seja o seu caso.

O Instituto Gallup foca tanto os aspectos positivos que disponibiliza um teste[8] para você identificar os seus cinco pontos fortes (ou talentos dominantes), e apresenta no livro *Descubra seus pontos fortes 2.0* ideias de ações específicas para cada um dos talentos apresentados no resultado do texto.

Os caras estão há quarenta anos estudando aspectos positivos globalmente, comprovando que o caminho para potencializar o crescimento é investir nos pontos fortes, então eu que não vou de encontro a esse entendimento — e, se eu fosse você, faria o mesmo.

Ainda segundo o Gallup, uma abordagem baseada nos seus pontos fortes aumenta sua confiança, seu direcionamento, sua esperança e sua gentileza em relação a outras pessoas. E eu complemento dizendo que aumenta a sua coragem!

Ufa, terminamos de falar sobre todas as dicotomias, e assim você já conhece quais pontos devem ser estimulados para aumentar a sua coragem e qual devem ficar longe de você o máximo possível. Agora, vamos para mais um ponto de parada essencial do nosso Mapa: hora de lidar com as inseguranças — eu sei que você tem, eu também tenho, até a nossa querida Ivete Sangalo deve ter também...

---

[8] APROVEITE melhor sua vida usando seus pontos fortes. **Gallup**. Disponível em: https://www.gallup.com/cliftonstrengths/pt/. Acesso em: set. 2022.

Em vez de ficar tentando corrigir os pontos fracos, busque potencializar o que você tem de melhor!

  @FABIMAIMONE

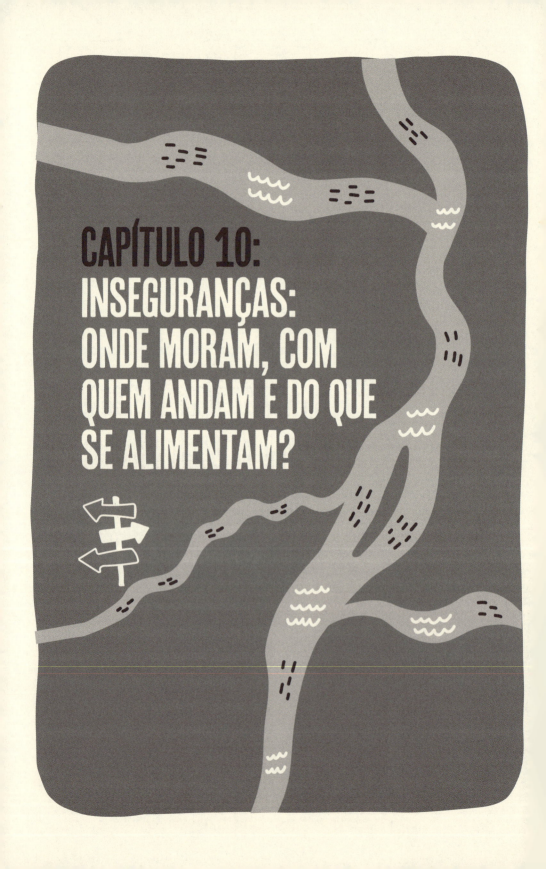

Se você costumava assistir ao *Vídeo show* na TV Globo entre os anos de 2001 e 2011, deve se lembrar do quadro "Videogame", apresentado pela Angélica. Era um *game show* no qual celebridades participavam de diversas provas e saíam premiadas no final.

Dentre as provas desse programa, havia um *quiz* em que o competidor da vez devia responder a uma pergunta enquanto um murinho de tijolos cenográficos ia subindo, e só parava de subir quando a pessoa acertava a resposta. Perdia quem fosse emparedado primeiro.

Para mim, visualizar essa cena é o jeito mais didático de entender como a insegurança é construída em nossa vida. Segue o fio!

Imagine uma criança descobrindo a liberdade, se arriscando em manobras emocionantes de patins, de skate. Ela simplesmente vai porque não estão claras as possíveis consequências desses movimentos. É um experimento visceral da adrenalina que a coragem de ser livre traz.

Agora imagine que essa criança, que estava superconfiante em suas manobras, amarradona em seus patins, leva a primeira queda. O que acontece? Os primeiros tijolinhos da insegurança começam a subir, sorrateiramente, em volta da coragem.

Daí o tempo passa, a criança leva outras quedas, os pais entram no circuito para proibir as manobras dos patins, e a cada nova tentativa de voo um pedacinho da asa é cortado. O fantasma da insegurança passa a ser presença constante e, como em uma construção, edifica cada vez mais os tijolos.

Essa mesma criança cresce mais um pouco, torna-se adolescente, e agora se apaixona pela primeira vez. Decidido a se declarar ao seu primeiro amor, o jovem reúne toda a coragem que possui e confessa a sua paixão. O que acontece? Leva o primeiro fora. Coração partido. E lá vai o murinho da insegurança subindo de novo.

Nisso a vida vai passando, a gente coleciona um montão de inseguranças, e o murinho segue sendo construído ao redor da nossa coragem. **Afinal de contas, coragem é inerente, mas insegurança é construção. Não nascemos inseguros. Nascemos corajosos.**

Mas se todos nós nascemos com a coragem, e é ela que nos impulsiona a fazer o que queremos, por que simplesmente não a acessamos e derrubamos esse muro? Porque a coragem passa a ser prisioneira da insegurança, e perdemos o acesso a ela. E aí precisamos desse entendimento para derrubar a tal construção.

A boa notícia é que libertar a coragem da prisão da insegurança só depende de você. Conhecer as causas, separar o que é seu do que lhe foi imposto, analisar e trabalhar em cada uma delas são grandes passos para essa libertação.

"Ok, Fabi, ótimo. Mas e aí, como eu faço isso?"

Vou estruturar um caminho prático para você iniciar a implosão do seu muro de insegurança, baseado no raciocínio que já estamos elaborando juntos durante todo este livro, que é o de aprender a construir segurança. Para facilitar esse processo, vamos em pequenas etapas:

→ **RECONHECIMENTO:** Nomeie as suas inseguranças;

→ **INTIMIDADE:** Chame as inseguranças para perto, encare cada uma delas de frente, investigue, questione. Sejam amigos íntimos, que sabem tudo um do outro;

→ **ORIGEM:** Entenda como elas vieram parar aqui;

→ **REDE DE APOIO PARA ACONSELHAMENTO:** Escolha com quem desabafar sobre as inseguranças sem ser julgado;

→ **ESTRATÉGIA:** Decida o que pode ser feito para construir segurança de maneira intencional e derrubar a insegurança;

→ **REDE DE APOIO PARA AÇÃO:** Agora veja quem vai colar ao seu lado para que você possa agir em busca da construção de segurança;

→ **REDE DE APOIO PARA AMPARO:** Por fim, saiba quem vai lhe segurar se você cair.

Vou dar um exemplo meu para clarear por aí, e acho que ficar mais fácil de entender. De tanto falar que coragem é construção de segurança, eu comecei a olhar para as minhas. *Já vou fazer dez anos solteira, hein? Por que não consigo me relacionar de novo?*, foi a primeira insegurança que eu listei. Então o meu passo 1 segue exatamente esse caminho que descrevi anteriormente:

→ **RECONHECIMENTO:** Me sinto insegura para me relacionar novamente.

→ **INTIMIDADE:** Por que eu abaixo a cabeça e enfio a cara no celular quando entro num lugar badalado? Por que fico com vergonha? Por que não tenho segurança com o que visto, com a maquiagem que faço, com os sapatos que calço? Onde foi parar meu lado feminino e vaidoso?

→ **ORIGEM:** Eu saí de um casamento numa condição totalmente prejudicada, ativei o modo sobrevivência até vir para São Paulo, depois ativei o modo trabalhadora compulsiva, e passei os últimos oito anos da minha vida me camuflando entre dezenas de homens no meu ambiente de trabalho. Foi a maneira que eu encontrei para conseguir executar bem o meu ofício. Quanto menos arrumada e feminina eu fosse, mais fácil ficava o meu trabalho. Sem querer, eu tinha me tornado invisível.

→ **REDE DE APOIO PARA ACONSELHAMENTO:** Como eu já tinha reconhecido, me tornado íntima e descoberto a origem dessa insegurança, comecei a conversar sobre isso com uma mulher incrível chamada Gisele Baradel. Ela tem um trabalho belíssimo de cuidados com a pele que, na verdade, é uma grande jornada em direção ao resgate da autoestima.

— O que você passa na pele? — ela me perguntou.

— Eu não passo nada. Aliás, sabonete no banho serve?

— E por que não é importante para você se olhar e se cuidar?

Eu não tive resposta, mas essa pergunta foi suficiente para desencadear um diálogo interno enorme: *Qual foi a última vez que cuidei de mim de verdade? Estou 5kg acima do meu peso ideal, mas continuo comendo freneticamente. Estou me escondendo do quê? Estou fugindo do quê? Por que não me sinto bonita com nada que visto? Por que não sei escolher uma roupa que eu gosto?*

→ **ESTRATÉGIA:** Apesar de ainda me sentir perdida nesse rolê, eu já tinha duas coisas importantes: clareza sobre a insegurança e a Gisele para me aconselhar nesse primeiro momento. Assim, pude montar a minha estratégia para desfazer esse muro ao meu redor e, para isso, eu tracei algumas metas:

1. Perder 5kg;
2. Reaprender a me vestir e sentir minha essência traduzida a partir de roupas e sapatos;
3. Cuidar da minha pele, principalmente do rosto, criando o hábito de me encarar no espelho todos os dias para reparar em cada detalhe;
4. Incluir rotina de oração e meditação.

→ **REDE DE APOIO PARA AÇÃO:** Bom, a Gisele já era a minha rede para ação com os cuidados com a pele, e para a meta das roupas eu contei com a Larissa Morozetti, consultora de estilo que também faz um trabalho belíssimo de tradução de essência. Não tem nada a ver com se vestir bem ou mal, até porque isso é relativo. Ela me ajudou a me sentir traduzida com o que passei a vestir. Me sinto segura com o que uso hoje, e é sobre isso que estamos falando aqui. Para perder os 5kg eu mesma tomei coragem e passei a praticar atividade física com regularidade e adaptei a alimentação. E, para terminar a lista de metas que tracei, liguei para a minha irmã e perguntei qual Bíblia era mais fácil de ler, porque já tinha iniciado algumas tentativas de leitura, mas, sendo prática como sou, nunca tinha conseguido me adaptar aos textos complexos. Bíblia comprada, coloquei um tapete peludo na varanda, umas almofadas, fiz o meu cantinho de oração, e venho conseguindo cumprir mais essa meta.

Eu usei a Bíblia, mas entenda que estamos falando de construção de segurança. E entender isso é essencial para ampliar o seu olhar para detalhes tão importantes quanto ocultos à primeira vista. Eu estava acostumada a uma vida muito barulhenta, muitas máquinas ligadas ao mesmo tempo, a muito cheiro de tinta, muito pó de madeira. Não havia silêncio no meu mundo, e tudo era meio no automático. E quando você decide desligar o piloto automático e assumir um novo hábito, antes você precisa reacomodar o barulho interno, para conseguir se ouvir melhor. Meditar com a Bíblia foi a forma que eu escolhi para conseguir silenciar, mas cada pessoa deve procurar o que faz sentido para si.

→ **REDE DE APOIO PARA AMPARO:** A minha filha é a minha rede. Ela esteve em todas as últimas decisões difíceis, contribuindo ativamente para que eu não desviasse do meu sonho. Desfazer essa insegurança com a minha vaidade não me trouxe risco de queda, então para essa situação específica, não precisei acioná-la, mas tenho certeza de que, se precisasse, ela seria o melhor colo do mundo para me consolar e me ajudar a sair da situação que fosse.

A partir desse exemplo que eu trouxe, convido você a fazer a mesma análise. Porém, quero acrescentar outros dois pontos:

1. Ao identificar uma insegurança, vá o mais fundo que puder nela, para entender o real motivo, consequências e desejos de mudança. Nossa visão fica extremamente limitada quando só olhamos para o que tem na superfície. Construir segurança é um mergulho muito mais profundo.

2. Foque em si mesmo, construa segurança para si mesmo, e não para o outro. Quando estamos inseguros, tudo vira gatilho, e essa é uma arma poderosa demais para alguém ter a nosso respeito.

Bom, dito tudo isso, guarde o seguinte: inseguranças existem para serem desfeitas, uma por uma, mas não alimente a ilusão de que esse é um processo fácil, que basta ler um livro, ir a uma sessão de terapia, coaching ou mentoria. Você precisa estar disposto a investigar, acessando memórias por vezes dolorosas. Porém, a boa notícia é que, se você compreender o passo a passo de como fazer essa investigação e criar uma estratégia, tudo ficará mais fácil e, aos poucos, o processo será natural e causará menos sofrimentos.

AH, ESTAMOS FALANDO DE INSEGURANÇAS SUBJETIVAS E NÃO PATOLÓGICAS, HEIN? SE HÁ UMA PATOLOGIA DIAGNOSTICADA, O CAMINHO É SEMPRE BUSCAR UM ESPECIALISTA. E SE FOR ESSE O CASO, NÃO PERCA MAIS NENHUM MINUTO E PEÇA AJUDA.

Inseguranças existem para serem desfeitas, uma por uma.

  @FABIMAIMONE

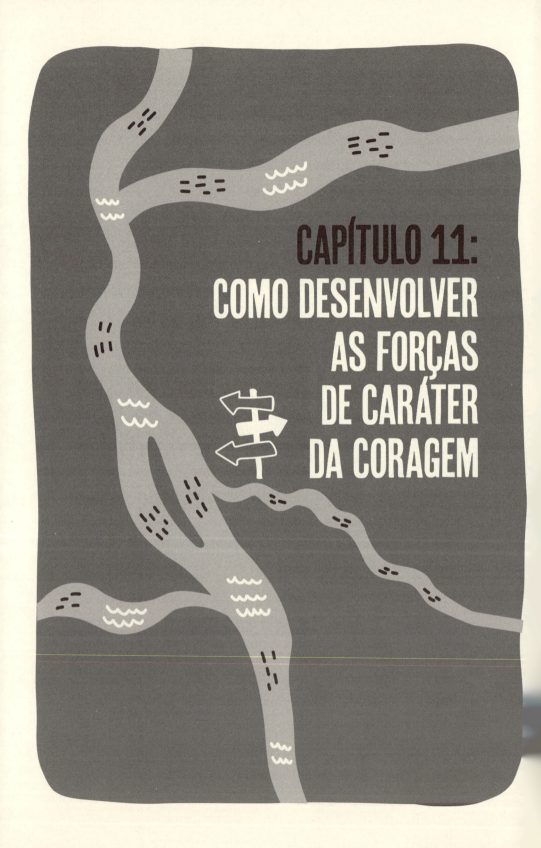

Quando comecei a estudar psicologia positiva, achei muito interessante a abordagem sobre forças de caráter, que são uma espécie de superpoderes que podemos ativar a qualquer momento para nos impulsionar na direção que desejamos. São características individuais positivas que se manifestam por meio de pensamentos, sentimentos e comportamentos, fazendo com que possamos nos tornar mais virtuosos e, consequentemente, mais felizes.

Os pesquisadores[9] da psicologia positiva identificaram seis virtudes, dentre elas a coragem, e elencaram um conjunto de forças de caráter — como se fossem pilares — para cada uma dessas virtudes. A organização de tudo isso atualmente está disposta assim:

SABEDORIA	CORAGEM	HUMANIDADE	JUSTIÇA	TEMPERANÇA	TRANSCENDÊNCIA
CRIATIVIDADE	AUTENTICIDADE	BONDADE	CIDADANIA	MODÉSTIA	GRATIDÃO
CURIOSIDADE	VITALIDADE	AMOR	IMPARCIALIDADE	PRUDÊNCIA	ESPIRITUALIDADE
PENSAMENTO CRÍTICO	PERSEVERANÇA	INTELIGÊNCIA SOCIAL	LIDERANÇA	AUTORREGULAÇÃO	HUMOR
SENSATEZ	BRAVURA			PERDÃO	APRECIAÇÃO DO BELO
AMOR PELO APRENDIZADO					ESPERANÇA

---

9 Aproveito para agradecer o professor Gustavo Arns por me apresentar esse conteúdo na pós-graduação em psicologia positiva, ciência do bem-estar e autorrealização, da PUC-RS.

Sem querer entrar no mérito acadêmico da psicologia positiva, eu fiz questão de trazer esse conteúdo para o livro porque entender as forças de caráter da coragem me ajudou a potencializar de maneira consciente as minhas ações, para que eu pudesse me tornar uma pessoa mais corajosa. A partir dos meus estudos no assunto, eu transformei essas forças em quatro pilares, e é esse entendimento que vou compartilhar com você agora. Vamos lá?

Se a coragem fosse uma mesa, **autenticidade**, **perseverança, bravura e vitalidade** seriam seus quatro pés. Na ausência de um deles, a mesa fica bamba. Na ausência de um deles, a sua coragem não vai parar de pé. Então agora vamos falar sobre cada um.

AUTENTICIDADE

Você pode encontrar integridade ou honestidade como sinônimos de autenticidade, e eu diria que as três palavras partem da mesma essência: significa aquele que fala a verdade, que é honesto consigo e com os outros; que assume a responsabilidade por seus sentimentos e suas ações.

Consegue imaginar um legítimo corajoso que mente, é desonesto e não assume responsabilidades? Pois é, não tem como. Sem esse pilar, a coragem desaparece por definição.

Autêntico é aquele que costuma falar frases como: "É mais importante ser eu mesmo do que ser popular"; "Não gosto de gente falsa"; "Não minto para agradar ninguém". Portanto, tome cuidado. Há uma linha tênue entre ser autêntico e ser sem noção. Autenticidade não tem nada a ver com sair dando opinião por aí, especialmente quando ninguém pediu. Autenticidade é sobre como lidar com você mesmo, sendo exatamente quem é, sem a necessidade de usar máscaras para interpretar personagens diferentes que mudam de personalidade para cada situação.

Uma dica para não confundir autenticidade com falta de noção é treinar a sinceridade × assertividade. É um exercício interessante para não cair na tentação do "sincericídio" e acabar rompendo laços importantes, inclusive com pessoas que formam a sua rede de apoio, por não conseguir segurar a língua, falando mais do que deveria.

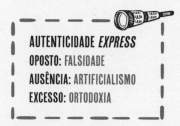

AUTENTICIDADE *EXPRESS*
OPOSTO: FALSIDADE
AUSÊNCIA: ARTIFICIALISMO
EXCESSO: ORTODOXIA

PERSEVERANÇA

Para o senso comum, perseverar é não desistir nunca. Perseverante não é aquele que faz **para** dar certo; é aquele que faz **até** dar certo, independentemente de quanto tempo demore. Eu não sei se gosto muito dessa definição, porque acho que esconde duas coisas importantes: o que perseverança **não é** e o que você **deve fazer** para ter essa habilidade. Deixe-me explicar melhor.

Perseverança não é teimosia. E não desistir nunca de alguma coisa me parece cisma, ideia fixa, capricho. Ouvi o Joel Jota falar uma vez que **"a diferença entre a perseverança e a teimosia é o progresso"**, e compartilho desse pensamento.

Agora, olhando a mensagem principal que o termo perseverança traz, eu diria que é o resultado da seguinte equação:

PRÁTICA + APERFEIÇOAMENTO + CONSTÂNCIA + CONSISTÊNCIA = PERSEVERANÇA

E se pudesse destacar somente uma palavrinha dessa equação, diria que **perseverança é constância**. Ser perseverante é trilhar um caminho no qual a prática de uma ação é constantemente aperfeiçoada de maneira consistente. O aperfeiçoamento permite ajustes de rumo, incluindo abrir mão de alguma coisa quando necessário, descaracterizando assim o "eu vou até conseguir" como uma ideia fixa imutável.

Não consigo imaginar um covarde trilhando esse caminho, de modo que perseverança é sim um pilar importante para a nossa coragem!

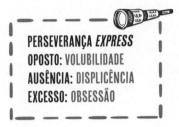

PERSEVERANÇA *EXPRESS*
OPOSTO: VOLUBILIDADE
AUSÊNCIA: DISPLICÊNCIA
EXCESSO: OBSESSÃO

BRAVURA

Característica de alguém sagaz que não recua diante de ameaças, desafios, dores ou dificuldades e que consegue superar as reações naturais ao medo. Não consigo imaginar alguém corajoso paralisado, sem reação, então eu gosto de pensar na bravura como um ímpeto inteligente.

Pense no estereótipo de um super-herói e pronto! Esse é o retrato da bravura com um porém: na vida real, a gente costuma ter mais consequências emocionais quando nos arriscamos. Digamos que temos muitas criptonitas internas, de modo que é preciso ter cautela (e eu chamo essa cautela de construção de segurança) ao acessar essa força de caráter da coragem.

Vamos imaginar esse super-herói dotado de bravura como o general de um exército, se preparando para enfrentar uma grande batalha. O que, além do ímpeto do enfrentamento, ele precisa ter? Exatamente: estratégia. É essa estratégia que eu chamo de ímpeto inteligente, que é um pilar na construção da segurança. Não dá para ir de peito aberto para o combate. Precisamos nos preparar.

Para exemplificar estratégias possíveis para construir segurança, vou recorrer a um dos estrategistas mais conhecidos do mundo: Sun Tzu. No clássico *A arte da guerra* (2015), treze ensinamentos são elencados, e "aplicam-se a todo e qualquer conflito, alcançando cada indivíduo com seu opositor; o amante com sua amada; uma empresa com outra, concorrente ou aliada".

Bom, se você quiser conhecer esses treze ensinamentos, exatamente como estão no livro, é só buscar o título *A arte da guerra* — e eu indico que faça isso, vale a pena. Por aqui, eu vou usar apenas os títulos que o Sun Tzu apresenta como uma espécie de checklist para compartilhar a minha própria interpretação sobre a bravura como um ímpeto inteligente que auxilia no processo de construção de segurança, usando o pensamento estratégico. Essa é a minha interpretação *freestyle* desses ensinamentos, combinado?

Para deixar essa interpretação mais tangível, vamos supor que você precise de bravura para fazer algo corajoso, como implementar uma importante decisão. Veja se faz sentido para a sua realidade seguir as estratégias que proponho:

1. **ESTABELECENDO PLANOS:** Entendo esse primeiro ensinamento como necessidade de conhecer o contexto:
   → O quê?
   → Quando?
   → Onde?
   → Quem?
   → Por quê?
   → Como?

   A técnica do 5W1H (*what, when, where, who, why, how*) não falha nunca para nos situar do contexto. E para estabelecer os planos, é preciso estar cercado de todas as informações.

2. **EM COMBATE:** Invista tempo planejando, mas execute rápido. Uma pessoa segura não arrasta uma decisão; ela a implementa. E essa ação precisa ser "rápida e caceteira", que no *baianês* significa rápida e eficiente. É uma tacada só. Como diz Sun Tzu, se uma guerra se prolongar, o dinheiro acaba, os soldados se

exaurem e não se engajam no segundo confronto, o povo passa a não apoiar mais o exército.

3. **ATAQUE POR ESTRATAGEMA:** Primeiro precisamos entender o que é estratagema no contexto militar; seria algo como confundir o inimigo, criar uma armadilha. Na nossa conversa, eu diria que é algo como: "enquanto me subestimarem, ninguém vai se preparar para lutar comigo, e eu terei mais chances de surpreender". Desapegue da palavra inimigo e da armadilha como sendo algo ruim. No nosso contexto, o ataque por estratagema pode ser pensando em "como posso surpreender" para conseguir o que quero.

4. **DISPOSIÇÕES TÁTICAS:** É a forma como você se organiza dentro do contexto da decisão que precisa tomar. Pense num técnico montando o planejamento tático do time de futebol. "Quem joga no meio-campo, quem potencializa o talento de quem?". É assegurar que você, bem como sua rede de apoio, está no lugar certo para implementar a decisão. Todos estão cientes da decisão, e devidamente posicionados e orientados sobre o que fazer caso seus planos deem ou não certo.

5. **ENERGIA:** É vitalidade – e não vou me alongar aqui, porque a vitalidade é uma força de caráter da coragem, e tem um montão de coisa escrita só sobre ela nas próximas páginas.

6. **PONTOS FORTES E FRACOS:** Lembra-se das travas e alavancas? Já falamos sobre isso e sei que você já está dominando o assunto.

7. **MANOBRAS:** É sobre contornar, ajustar quando necessário, pensar em possibilidades de mudança de rota, desde antes de colocar o plano em ação. Sabe quem é ótimo para lhe auxiliar sobre as possibilidades de manobras? A pessoa mais pessimista que você conhece. Use o talento apocalíptico dela para já antecipar possibilidades de a sua ideia dar errado. Na época da cenografia, a gente tinha um colaborador que fazia muito bem esse papel. Sempre pedíamos a opinião dele sobre os nossos planos, e ele sempre trazia mil possibilidades de

dar errado. Isso fazia com que fôssemos sempre muito mais ágeis na resolução dos imprevistos, o que era fundamental no nosso contexto frenético de eventos. Enfim, transforme o pessimista na sua fonte de ideias para manobras.

8. **VARIAÇÕES NA TÁTICA:** Eu diria que aqui é a perseverança em ação. Prática + aperfeiçoamento + constância + consistência, como já falamos.

9. **O EXÉRCITO EM MARCHA:** É a organização. Já viu um exército marchando? O movimento é cronometrado, extremamente organizado. Se você quer tomar uma decisão, mas não há um planejamento definido, inclusive mental, para isso, dificilmente você manterá o controle da situação. *Qual é o primeiro passo que preciso dar? Qual é o segundo? Se o segundo der errado, quais as minhas possibilidades de manobra?* E assim por diante.

10. **TERRENO:** É sobre conhecer exatamente onde se está pisando, e onde vai pisar ao implementar a sua decisão. **Nunca seja surpreendido. É você quem deve surpreender.**

11. **AS NOVE SITUAÇÕES:** Sun Tzu reconhece nove variações de campos de batalha para se preparar para uma Guerra: campo de dispersão, fácil, decisivo, aberto, de intersecção, desfavorável, difícil, cercado e de morte. No nosso caso, vamos relacionar "as nove situações" ao *brainstorming*, o famoso "toró de ideias". Diferentemente de manobras, considero as nove situações como um passo antes das manobras. Seria algo como: o que está acontecendo hoje x o que eu gostaria que acontecesse. É um levantamento de opções possíveis antes de uma tomada de decisão.

12. **ATAQUE COM FOGO:** Aqui eu vou deixar uma frase exatamente como está no livro de Tzu (2015), porque resume tudo que eu penso: "Infeliz é o destino daquele que tenta vencer suas batalhas e ter sucesso em seus ataques sem cultivar o espírito da iniciativa, pois o resultado é a perda de tempo e a estagnação generalizada".

13. **USO DE ESPIÕES:** Quem já faz o que você quer fazer? Use as redes sociais como espiãs. Investigue, descubra o que deu errado na trajetória dessas pessoas que

chegaram aonde você quer estar, descubra quem as inspira. Cerque-se de todas as informações possíveis em imagináveis, para estar preparado para a guerra.

Nessa primeira explicação, mantive a ordem dos ensinamentos exatamente como o Sun Tzu apresenta na obra dele. Mas, já que tomei a liberdade de registrar a minha interpretação, vou continuar usufruindo do meu direito ao *freestyle* e vou reordená-los em uma sequência que considero lógica, a fim de facilitar o seu processo de desenvolvimento de bravura (que, mais uma vez, é o ímpeto inteligente que auxilia na construção de segurança, por meio de estratégia):

1. **ENERGIA:** Sem vitalidade você não consegue nem pensar em começar uma batalha!;
2. **ATAQUE COM FOGO:** Cultivo do espírito da iniciativa;
3. **AS NOVE SITUAÇÕES:** O que está acontecendo hoje × o que eu gostaria que acontecesse. *Brainstorming* de opções para clarear as ideias, caso ainda não saiba exatamente o que quer fazer, mas sinta que há alguma coisa incomodando e que precisa ser ajustada;
4. **ESTABELECENDO PLANOS:** Decisão e contexto. Como vai implementar essa decisão; momento de fazer uma análise macro dela;
5. **TERRENO:** Saber exatamente onde está pisando e onde vai pisar;
6. **EXÉRCITO EM MARCHA:** Organização, principalmente mental, para definir os próximos passos;
7. **USO DE ESPIÕES:** Quem já faz e como faz?;
8. **DISPOSIÇÕES TÁTICAS:** Posicionar corretamente a si mesmo e a rede de apoio para implementar a decisão;
9. **MANOBRAS:** Elencar opções de ajuste de rota, prevendo possibilidades de algo sair fora do planejado;
10. **PONTOS FORTES E FRACOS:** Usar majoritariamente os pontos fortes na implementação dessa decisão;

11. **ATAQUE POR ESTRATAGEMA:** Verificar meios de surpreender;
12. **EM COMBATE:** Ação!;
13. **VARIAÇÕES NA TÁTICA:** Prática + aperfeiçoamento + constância + consistência.

Consegue perceber que a maioria das nossas ações, inclusive as mais importantes, não são efetivamente planejadas? Não é fácil ter coragem, mas tudo na vida é difícil antes de ser fácil.

A grande questão é que, para ser fácil acessar à sua coragem verdadeira, aquela que liberta, tem uma coisa que jamais vai mudar: a obrigatoriedade de você estar disposto a encarar essa batalha.

Eu sei, cansa! E já cansa só de imaginar fazer tudo isso para implementar uma única decisão. Mas aí é que mora o cerne do que eu quero desconstruir na sua cabeça: coragem não é dom. Coragem é o resultado de conhecer e implementar técnicas de construção de segurança de maneira incansável. Precisamos estar dispostos.

BRAVURA *EXPRESS*
OPOSTO: COVARDIA
AUSÊNCIA: MEDO
EXCESSO: TEMERIDADE (O RISCO PELO RISCO)

VITALIDADE

Chegamos na força que garante todas as outras. Ela representa entusiasmo, animação, vigor e energia nos níveis físico e mental. Uma pessoa vital possui uma capacidade contagiante de energizar as pessoas com quem entra em contato; é classificada como uma força da coragem porque está presente em circunstâncias difíceis e potencialmente desanimadoras. A vitalidade é o combustível que faz o carro funcionar.

Todas as vezes que eu penso em vitalidade, lembro do Pedro Scooby, e sua célebre frase: "A vida é irada, mano, vamos curtir!". Uma pessoa vital também diz coisas como: "Viver é massa!"; "Estou com o gás todo!".

Mas o que podemos fazer para aumentar a nossa vitalidade e ter esse combustível sempre à disposição? Eu tenho certeza de que você sabe, mesmo que tenha esquecido, porque a resposta é só fazer o básico bem feito. Mas como relembrar nunca é demais, aqui vai uma listinha de ações que potencializam a sua energia vital:

→ Praticar atividade física de maneira constante e consistente;

→ Melhorar a qualidade do sono (dormindo em média oito horas por noite, reduzindo o uso de telas antes de dormir, priorizando refeições leves à noite etc.);

→ Beber a quantidade ideal de água durante o dia;

→ Manter uma dieta saudável e nutritiva;

→ Evitar cigarro e bebida alcóolica;

→ Realizar práticas de aquietamento mental, como yoga ou meditação;

→ Reduzir o estresse.

A gente faz tudo isso? É difícil dar conta de tudo... Mas é aquilo, né? Se a gente não quiser se ajudar, não atrapalhar já é um grande feito. De modo que, se você por acaso estiver exagerando em algum desses itens, e fazendo o exato oposto do que deveria fazer, avalie se vale a pena recalcular a rota e não prejudicar tanto a coitada da vitalidade.

Trazendo para o contexto da coragem, imagine que você precise de energia para continuar perseverando em busca daquele objetivo que é tão importante para você. Sem vitalidade, dificilmente será possível sustentar o entusiasmo para manter a constância caso as coisas não saiam exatamente como planejado.

Eu estou escrevendo esta parte do livro no dia 11 de agosto de 2022, e faz exatos seis dias que o Jô Soares nos deixou. Dentre tudo o que eu vi publicado nas redes sociais, uma frase dita por ele me chamou atenção: "Eu não tenho medo da morte, tenho medo de ser improdutivo". Eu compartilho desse medo. Sempre que me sinto sem energia para produzir, tenho dias muito ruins.

Observando a minha rotina, comecei a perceber que o meu dia era praticamente um espelho da forma como eu acordava e vivia a primeira hora. Se eu acordasse atrasada e fizesse tudo atropelado, o resto do meu dia se tornava um caos. Se eu acordasse cedo, praticasse atividade física, tomasse café da manhã com calma, todo o resto corria bem. Quando eu tomei consciência sobre a importância da primeira hora do meu dia, uma amiga me apresentou *O milagre da manhã* (2018), um best-seller escrito por Hal Elrod que promete transformar a nossa vida com seis práticas conscientes e específicas, realizadas antes das 8 horas da manhã. No meu caso, a promessa foi cumprida: a minha vitalidade foi potencializada com *O milagre da manhã* e, como consequência, a minha produtividade também.

Ele batizou essas seis práticas de os "salvadores de vida", e eu gostei tanto que na época mandei fazer camisolas com os salvadores escritos, para não me esquecer de viver o meu milagre da manhã. Vamos a eles:

1. **SILÊNCIO:** É a primeira prática, e pode ser uma das áreas mais significativas a serem melhoradas em um estilo de vida barulhento, acelerado e com excesso de estímulos. Esse silêncio precisa ser intencional, e pode ser praticado com meditação, oração, reflexão, respiração profunda ou gratidão, e você pode começar essa prática com apenas cinco minutos.

2. **AFIRMAÇÕES:** É uma das ferramentas mais eficazes para se transformar depressa na pessoa que você precisa ser para conquistar tudo que deseja. "Eu sou o maior!": Muhammad Ali afirmou essas três palavras repetidamente até se transformar nelas. Para criar sua afirmação, você pode seguir cinco norteadores:
   → O que você realmente quer ser;

→ Por que você quer;

→ Quem você se compromete a ser para criar isso;

→ O que você se compromete a fazer para conseguir isso;

→ Usar frases e filosofias inspiradoras.

Eu não vou compartilhar com você a minha frase (aí já é intimidade demais!), mas, se você quiser ajuda para criar a sua, me chama no direct do Instagram! Mas só vale depois que terminar de ler o livro todo, hein?

1. **VISUALIZAÇÃO:** É o processo de imaginar exatamente o que você deseja conquistar e ensaiar na sua mente o que precisa fazer para obter isso.
2. **EXERCÍCIOS:** São as atividades físicas matinais que, mesmo por poucos minutos, são capazes de aumentar a nossa disposição, melhorar a saúde e aumentar os níveis de autoconfiança e de bem-estar emocional.
3. **LEITURA:** É o jeito mais rápido de transformar qualquer área da sua existência. É um dos métodos mais imediatos para adquirir conhecimentos, ter ideias e pensar estratégias.
4. **ESCRITA:** Ao tirar os pensamentos da cabeça e colocá-los no papel, você tem percepções valiosas que de outra forma passariam desapercebidas.

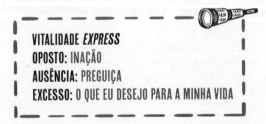

VITALIDADE *EXPRESS*
OPOSTO: INAÇÃO
AUSÊNCIA: PREGUIÇA
EXCESSO: O QUE EU DESEJO PARA A MINHA VIDA

Sobre o último salvador, a escrita, peço a sua licença para dar o meu testemunho no próximo capítulo, pode ser?

"Não importa o que você escreva, colocar palavras no papel é uma forma de terapia que não custa um centavo."
— *Diana Raab*

Coragem é o resultado de conhecer e implementar técnicas de **construção de segurança** de maneira incansável.

 @FABIMAIMONE

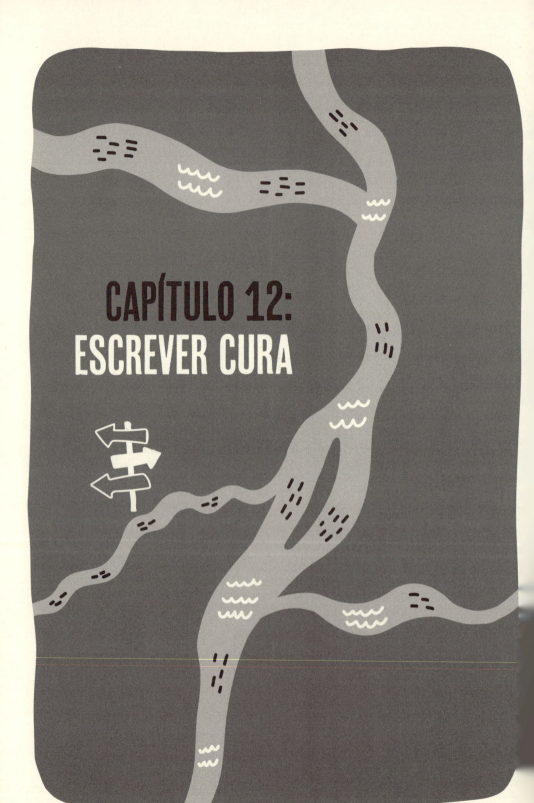

Enquanto escrevia Em busca de mim, pensei no quanto as nossas histórias nem sempre recebem a devida atenção. São reinventadas para serem encaixadas em um mundo louco, competitivo e crítico. Escrevi esse livro para aqueles que se sentem excluídos, que estão à procura de uma forma de entender e superar um passado complicado e encontrar amor-próprio no lugar da vergonha. Escrevi para quem precisa se lembrar de que a vida só vale a pena ser vivida se a encararmos com honestidade radical e coragem de abandonar as máscaras e apenas ser... você.

Em busca de mim é uma reflexão profunda, uma promessa e uma declaração de amor a mim mesma. Espero que a minha história o inspire a revolucionar a sua vida de forma criativa e a redescobrir quem você era antes que o mundo tentasse defini-lo.

O relato de vida da Viola Davis (2022) nessa obra é visceral. Ela não se poupa dos detalhes, inclusive daqueles que cobririam qualquer pessoa de vergonha para o resto da vida, caso viessem à tona sem que o dono da história tivesse preparo emocional. E é exatamente aí que mora o cerne do papo que eu quero ter com você aqui e agora.

Quando eu propus que escrevêssemos juntos o roteiro da sua vida, lá no começo do Mapa, era uma espécie de preparação para chegarmos até aqui.

Não sei o que você escreveu no seu roteiro, quais cenas decidiu registrar... a verdade é que nem sei se você chegou a colocar uma letrinha que seja no papel. Mas deixa eu lhe falar com todo meu coração: **escrever cura. Compartilhar, então, dá sobrevida!**

Eu não entrei em detalhes com você sobre o meu processo de falência, quando tive a minha primeira experiência empreendedora – afinal, eu já tenho um livro inteiro dedicado a esse assunto, então não faria muito sentido. Mas eu gostaria de lhe contar o que aconteceu comigo quando eu decidi publicar essa história.

Como eu contei logo no início, a combinação de acontecimentos no início da fase adulta acabou alimentando meu ego mais do que o necessário e, na mesma medida, me fez sofrer mais do que eu precisava também. Como explicar uma falência para quem tentou me alertar de todas as maneiras possíveis que eu estava indo pelo caminho errado, mas que, com arrogância, eu não ouvi? Era como precisar colocar o rabinho entre as pernas e dizer: "Então, né? Fiz e aconteci, crente que sabia tudo e não precisava de ninguém, e agora estou aqui... Na merda".

Vai por mim: não é uma experiência agradável.

Mas um dia o meu irmão mais velho me falou assim:

— Por que você não escreve um livro sobre as cagadas do restaurante? Seria um "não faça o que eu fiz" ótimo. Pelo menos ia eternizar as besteiras que fez para não fazer de novo.

Eu ouvi aquilo como uma espécie de chave para eu fazer as pazes comigo mesma. Até cheguei a escrever alguma coisa, mas, como andava ocupada tentando sobreviver ao caos que tinha tomado conta da minha vida, arquivei o livro e coloquei essa chave na gaveta. Porém, volta e meia, olhava para ela.

Quando cheguei a São Paulo, trabalhando muito mais horas do que uma pessoa normal, e mesmo quando dormia, sonhava com o trabalho, comecei a pensar por que eu estava fazendo aquilo, principalmente quando chegava em casa e a Mila já estava dormindo. Por que eu preciso provar tanto que eu sou capaz? É para mostrar para quem? Havia uma autocobrança muito exagerada em tudo o que eu fazia. Até que eu lembrei da "chave".

Abri o computador, reli o pouquinho que tinha escrito, e retomei o texto do *Não faça o que eu fiz*. Comecei a contar com detalhes as coisas que fiz na época, e passei a achar graça. Não tinha mais peso escrever sobre aquilo... arrisco dizer que foi até gostoso! Tinha uma certa nostalgia, e volta e meia vinha um pensamento assim: *Se você soubesse o que sabe hoje, hein? Teria feito tão diferente...*

Lembro que conversei com uma grande amiga sobre essa sensação, e a tristeza de não ter feito diferente, e ela me cortou logo de cara:

— Amiga, para de ser louca, isso é anacronismo.

Ana o quê?

Anacronismo é, segundo o Wikipédia, um erro cronológico, expressado na falta de alinhamento, consonância ou correspondência com uma época. Acho até que a palavra não deveria ser usada nesse contexto, mas peguei a ideia principal do que ela estava me falando sobre o tal erro cronológico: **eu só sei o que sei hoje porque passei pelo que passei antes.** O leite da época já derramou. Agora é cuidar para não o derramar de novo.

Entre 2015 e 2020, que foi o tempo que eu levei entre escrever e publicar a minha primeira obra, eu entrei num processo de autocura.

Viver a vida querendo provar para as pessoas que somos capazes é um fardo pesado demais para se carregar – e, como antecipei no primeiro capítulo, eu lembro do dia exato em que abandonei o meu.

Quanto mais eu transformava em palavras o que tinha acontecido, mais eu me fortalecia. Escrever de fato é uma forma de terapia gratuita, que eu recomendo fortemente. E no auge desse fortalecimento, eu decidi que tiraria as minhas primeiras férias desde que tinha pisado em São Paulo, três anos e meio antes. E não só ia tirar férias, como ia realizar um sonho: eu ia para a Disney sozinha com minha filha, que tinha recém completados 7 anos na época.

Tinha muita coisa envolvida nessa decisão:

→ Eu não ia mais me matar de trabalhar;

→ Eu ia colocar os meus sonhos em primeiro lugar;

→ Eu ia comemorar sozinha com a minha filha: a gente venceu!

E esse "vencer" não era sobre uma viagem. Era sobre a forma como os pensamentos aconteciam na minha cabeça. Eu não precisava mais viver de modo acelerado, como se estivesse sempre atrasada para tudo o tempo todo. Eu podia descansar de mim. Consegue entender que nunca é sobre uma cobrança externa? Nós somos os nossos piores carrascos. **Se você, assim como eu já fiz um dia, se cobra de maneira exagerada e está buscando uma cura: tente escrever. E se conseguir reunir forças o suficiente para aceitar a sua vulnerabilidade e ter coragem: compartilhe a sua história.**

Em janeiro de 2020 eu imprimi trinta cópias do *Não faça o que eu fiz*. Dei a primeira de presente para o meu pai no aniversário dele e as demais, aos meus amigos, para que fizessem o papel de editora que eu não tinha. E foi incrível ver a dedicação deles em corrigir o texto, e me ajudar a tornar a minha história ainda melhor.

Em maio de 2020 eu decidi que trinta pessoas era muito pouco; eu queria mais. Olha só que contraditório: a menina que tinha vergonha do fracasso passou a ter orgulho da própria história. E acho que consegui passar tão bem a emoção que senti no momento de me libertar de mim que fiquei em primeiro lugar entre os mais vendidos no primeiro mês de lançamento em Biografia de Negócios na Amazon Brasil! Sem editora, sem assessoria de imprensa, sem ninguém influente para facilitar o meu caminho. Só tinha eu e o meu grito estrondoso de liberdade, que ecoou a partir do Instagram e rompeu fronteiras.

Acredite em mim: ressignificar uma história tem poder de cura. O meu maior fracasso se tornou o meu maior orgulho, e isso não tem nada a ver com o fato concreto da falência; tem a ver com a nova história que eu decidi contar para mim. Eu tentei tudo o que pude, com a experiência que tinha, e infelizmente não deu. Faz parte da vida.

Lembra-se da perseverança? **Prática + aperfeiçoamento + constância + consistência**. Hoje eu uso a prática que vivi para me aperfeiçoar de maneira constante e consistente. O resultado disso é que eu estou aqui, segura da minha missão, olhando apenas para frente, sem historinhas mal contadas do passado.

Quando inicio o meu Programa de Desenvolvimento de Coragem, eu peço que os mentorados escrevam as suas trajetórias, do jeitinho que fiz aqui no Mapa. Lembro que uma mentorada em específico me surpreendeu com a capacidade que tinha de contar a própria história usando uma lente no mínimo estranha, chegando a formular frases assim: "Eu só fiz as provas que passei, as outras eu acabei não passando".

O que você entende dessa frase? Mesmo tendo passado em todas as provas de concurso que fez, a historinha que ela conta para si mesma é de frustração por não ter passado nas outras — que ela nem fez! E acredite: esse não é um caso isolado. Já vi muita gente se maltratando, contando histórias absurdas sobre si mesmas.

Eu indiquei a ela o mesmo que eu vou propor para você: volte no começo deste livro, lá no filme da sua vida, e leia de novo o que escreveu. Como você contou a sua história? Qual lente usou para falar sobre si? Há espaço para uma nova interpretação a respeito dos mesmos fatos? Como poderia contar a mesma história usando uma lente mais amorosa?

Minha mentorada reescreveu a trajetória dela e foi lindo ler exatamente as mesmas situações que ela havia contado da primeira vez, só que agora através de outra lente: a da autocompaixão.

> A PROPÓSITO, ESSE EXERCÍCIO FEZ TANTO SENTIDO PARA ELA QUE EM BREVE TEREMOS UM LIVRO NOVO NAS LIVRARIAS: *LUZ E SOMBRA: AS MEMÓRIAS QUE NÃO TIVE*, NO QUAL ELA VAI ESCREVER, EM FORMATO DE CONTOS, DUAS VERSÕES PARA EXPERIÊNCIAS QUE VIVEU: UMA SOB A ÓTICA DA LUZ E A OUTRA SOB A ÓTICA DA SOMBRA.

Percebe como escrever cura? Uma mulher incrível e talentosa, mas que usava esse talento para se descredibilizar, agora consegue transbordar o que aprendeu sobre ressignificar.

Não sei se você precisava ler isso, mas certamente conhece alguém que precisa dessas palavras. Então, aqui vai um pedido, de autora para leitor: indique o mapa da ressignificação através da escrita para essa pessoa.

Já dizia Jean-Paul Sartre: "Liberdade é o você faz com aquilo que aconteceu a você".

Acredite em mim: ressignificar uma história tem poder de cura.

> "SE EU NÃO TIVESSE QUE GANHAR DINHEIRO NEM AGRADAR ALGUÉM,
> O QUE EU FARIA DA MINHA VIDA? O QUE EU FARIA COM O MEU TEMPO?"
> — SRI PREM BABA

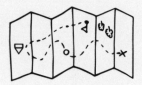

Essa é a pergunta do milhão, né? E olhe que, para evitar gatilhos complicados, eu nem perguntei qual é o seu propósito, hein? #medeveuma Mas, falando sério agora, esquecendo o ranço que possivelmente você sente das palavras gatilho, coach e propósito, qual resposta você daria à pergunta do Prem Baba, especialmente escolhida para abrir este capítulo?

Todas as vezes que eu me fiz essa pergunta, um incômodo sobre não saber exatamente qual é a minha missão sempre esteve presente.

"Eu sei lá de missão, Fabi? Cheio de contas para pagar aqui, não tenho tempo para ficar pensando em missão. (Sobre)viver no Brasil já é uma grande missão."

Eu sei que talvez você esteja pensando isso, mas eu vou insistir nesse tema. Quando converso sobre esse assunto, costumo dizer que, quando a gente nasce, Deus fala assim:

— Meu filho, toma aqui o seu ticket dourado. Você pega aqui comigo, mas o pagamento é lá embaixo.

Como você tem pagado por esse ticket dourado? Você recebeu uma vida inteira de bandeja, de lambuja, sem fazer o menor esforço. **E qual tem sido a sua contribuição aqui na Terra para retribuir esse presentão?**

Eu me senti mega pressionada quando me fizeram essa pergunta – e já peço desculpas caso vocês também esteja se sentindo assim. Só vou insistir nessa conversa porque ter clareza da nossa missão aqui na Terra faz tudo fazer sentido e, ainda por cima, transforma a nossa vida!

Outro ponto importante é que, se você aguçar a sua atenção para buscar essa resposta, vai reparar que "coincidências" começarão a acontecer. Eu sempre associo essas "coincidências" à época em que eu estava grávida:

— Nossa! Todo lugar que eu vou tem uma dúzia de mulheres grávidas!

As grávidas, na verdade, sempre estiveram ali; a minha atenção é que não estava.

Deu para entender aonde eu quero chegar? Se você não dedicar atenção ao entendimento da sua missão, dificilmente chegará em uma resposta – a menos que você encontre alguém que tenha o poder de lhe traduzir pelo caminho.

Assim como eu encontrei.

Já que minha vida virou um livro escancarado – afinal de contas, escrever cura – eu vou dividir com você como caiu a ficha de qual é a minha missão.

Tudo começou em junho de 2020, quando participei de um curso de cinco dias chamado Imersão Best-Seller, da Editora Gente, como contei anteriormente.

Antes de começarem os encontros do curso, nós fizemos e enviamos alguns exercícios para que os mentores nos conhecessem melhor. Eram atividades sobre a nossa trajetória, como desejávamos viver os próximos cinco anos, coisas assim. Era uma maneira de eles enxergarem em nós, alunos, o que tinha de sustentação por trás das nossas boas ideias.

Segui triste e forte durante toda a aula do primeiro dia. No finalzinho dos trabalhos, veio para mim, em formato de dever de casa, a pergunta que eu já lhe fiz: Qual é a sua missão?

Parecia piada para mim. *E eu sei lá de missão?* Eu queria era publicar o livro que eu passei sete anos escrevendo. Meu cérebro fritou nesse dia, porque eu não fazia a mais vaga noção de qual era a minha missão. E como eu só pensava nas parcelas que eu ia passar cinco meses pagando pelo curso, decidi escrever algo assim:

— A missão do livro *Não faça o que eu fiz* é ajudar jovens empreendedores a não errarem tanto quanto eu. Já a missão do livro que acho que vocês querem que eu escreva, eu não tenho a menor ideia.

Aí, às onze da manhã do dia seguinte, veio o primeiro feedback da Carol Rocha, gerente editorial, dizendo assim:

— Fabi, a missão não é do livro. A missão é sua, da Fabiane, algo que você irá perseguir para o resto da sua vida, que te dará sentido e significado.

E complementou o feedback com as frases que transformaram a minha vida:

— Sabe o que eu acho? Que você quer que as pessoas tenham coragem, que recobrem a paixão por arriscar, que saiam do conformismo, que sejam livres. Você sabe que, se cair, consegue se levantar, e é isso que você quer dizer para as pessoas. Faz sentido?

Eu tenho a palavra coragem tatuada no braço desde 2015. A Carol nunca tinha visto essa tatuagem, muito menos que eu já tinha uma semente plantada no coração sobre esse tema "Você é um *case* de coragem" – muitos anos antes. Ela captou a minha essência pela redação da trajetória.

Eu fiquei em choque. Em êxtase. Em prantos. Tive um encontro com Deus. Essa única fala dela, escrita em duas ou três linhas, teve o poder de transformar a minha vida. Basta lembrar que o *Mapa da coragem* está em suas mãos, e isso significa que estou vivendo plenamente a minha missão.

E mais uma vez, para você, eu retribuo a pergunta que recebi: Qual é a sua missão? O que dá sentido e significado à sua vida?

A missão provê um senso de direção e ajuda a manter o foco naquilo que realmente importa, evitando a sensação de estar fora de rumo, e o consequente desperdício de tempo, de energia e de esforços.

Você pode expressá-la por meio de uma declaração, que é uma breve fala dos valores, das forças e dos talentos que melhor representam você. Ou seja, é uma declaração em que você está concentrando toda a sua energia e paixão, e focando ações, comportamentos e decisões.

Elaborar uma poderosa declaração de missão é um princípio crucial da capacidade de liderar a si mesmo, tirando decisões do piloto automático e tramando a sua rede de segurança. Diante de uma situação difícil, agarre-se aos seus valores e à sua missão, e assim saberá exatamente o que fazer.

Para lhe ajudar a refletir sobre isso, vou deixar algumas perguntas. De novo, você não precisa ter as respostas agora, mas deve começar. Sem voltar a sua atenção para isso, não vai conseguir enxergar as "grávidas" que estão passando por você o tempo todo. Ligue o foco da sua câmera para captar a sua essência em todos os detalhes!

1. **QUAL É A SUA GRANDE PAIXÃO? SE PUDESSE VIVER FAZENDO APENAS ISSO, E DINHEIRO NÃO FOSSE UM PROBLEMA, O QUE ESTARIA FAZENDO HOJE?**

_____
_____
_____
_____
_____
_____

2. **PARA ONDE VOCÊ ESTÁ INDO? DÊ UMA REPASSADA MENTAL NA SUA ROTINA ATUAL, E NOS PRINCIPAIS ACONTECIMENTOS QUE LHE TROUXERAM ATÉ AQUI. SE CONTINUAR NESSE CAMINHO, AONDE VAI CHEGAR?**

_____
_____
_____
_____
_____
_____
_____
_____

Se quiser deixar essa resposta mais palpável, pode usar o quadro abaixo para listar o que tem feito e, assim, ter clareza sobre aonde vai chegar com cada uma das atividades:

ATIVIDADES	POR QUE ESTOU FAZENDO ISSO?	AONDE ISSO VAI ME LEVAR?

3. **QUAL É A SUA GRANDE INDIGNAÇÃO COM O MUNDO? O QUE VOCÊ NÃO AGUENTA VER QUE, SE TIVESSE A CHANCE, TRABALHARIA ATIVAMENTE PARA QUE ISSO NÃO ACONTECESSE MAIS?**

_____
_____
_____
_____

Se você conseguiu responder a essas três perguntas, tente mais essa:

4. **ONDE PAIXÃO, EXPERIÊNCIA E INDIGNAÇÃO SE ENCONTRAM? HÁ ALGUM PONTO DE CONEXÃO ENTRE AS SUAS RESPOSTAS?**

___

___

___

___

___

___

Reforço: não se preocupe em ter as respostas agora. Mas, se fizer sentido, se ocupe de manter essas questões na superfície da sua consciência, para que, vez ou outra, você possa voltar a refletir sobre isso... até encontrar o que tanto procura.

O meu caso aconteceu em uma revelação, mas para cada pessoa é diferente. Como um orgasmo, só pergunta como é quem nunca sentiu. Por isso, não existe uma receita, um passo a passo explícito, infelizmente. Olhar para si mesmo, refletir sobre as perguntas e mergulhar no autoconhecimento é tudo o que você pode fazer. Mas fique tranquilo, garanto que, com tudo o que já passamos nestas páginas, você está mais perto da sua missão do que imagina.

E seguindo com as perguntas:

5. QUAL É O SEU GRANDE SONHO? SE PUDESSE FECHAR OS OLHOS E SE IMAGINAR REALIZANDO, O QUE SERIA?
_____
_____
_____
_____
_____
_____
_____

6. O SEU GRANDE SONHO ESTÁ ALINHADO COM OS SEUS VALORES?
_____
_____
_____
_____
_____
_____
_____

7. QUAL É O LEGADO QUE VOCÊ QUER DEIXAR PRO MUNDO? O QUE VAI ESTAR ESCRITO NA SUA LÁPIDE QUANDO VOCÊ SE FOR?
_____
_____
_____
_____
_____
_____
_____

Na minha, vai estar escrito: "Usou a vida para encorajar pessoas a serem livres e felizes".

INCLUSIVE, SE EU MORRER, JÁ SABE, NÉ? CONTO COM VOCÊ PARA FISCALIZAR SE ESCREVERAM CERTO. JÁ ESTOU DEIXANDO REGISTRADO AQUI PARA NÃO CORRER O RISCO DE CHEGAR NO CÉU E FICAR SABENDO QUE COLOCARAM UM NEGÓCIO NADA A VER NA MINHA LÁPIDE... IMAGINA QUE TRANSTORNO?

E para fechar este capítulo, aqui vai um trecho da minha música preferida, a trilha sonora da minha vida desde que tive a minha missão revelada:

"Irmão, você não percebeu que é o único representante do seu sonho na face da Terra? Se isso não fizer você correr, chapa, eu não sei o que vai!"

— Emicida

Diante de uma situação difícil, agarre-se aos seus valores e à sua missão, e assim saberá exatamente o que fazer.

Eu não queria me despedir de você. Foi uma caminhada e tanto, né? Mas se está chegando a hora de soltar a sua mão, é porque sinto que você está pronto para voar sozinho.

Para onde você vai? O que vai fazer quando fechar esse Mapa? Vai devolvê-lo para a estante, ou para quem lhe emprestou, e vai seguir a vida como se não tivéssemos nos conhecido? Se isso acontecer, eu falhei. E se no meu teclado tivesse um emoji de carinha triste, aquele que tem uma "lagriminha" solitária escorrendo embaixo do olho esquerdo, eu certamente o usaria para representar a dor de ter falhado com você.

Me dá mais uma chance? Eu me apeguei a você. Não queria terminar a nossa história sem ter certeza de que você sabe para onde vai, ao menos pelos próximos cinco anos. Com a minha filha Mila, quando ela vai de férias para a casa do pai, é aquela checagem e rechecagem, cinquenta vezes, para garantir que ela terá tudo de que precisa durante o tempo longe da mãe que foi acostumada a estar sempre por perto, que está sempre atenta para antecipar tudo de que ela possa precisar.

Mas assim como eu faço com a minha filha, desde que ela tem 2 anos, eu também deixo você ir.

Mas, antes, o que acontece, hein? Vamos checar e rechecar se você já tem tudo de que precisa (e agora é aquele emoji do sorrisão, com todos os dentes aparecendo)!

OS PRÓXIMOS CINCO ANOS!

Supondo que você precise escrever um capítulo do seu livro sobre o que vai acontecer daqui a cinco anos: O que gostaria de contar? Como se imagina? Onde morará? Com quem? Estará ganhando quanto? O que mudou? Onde trabalhará? Quais sonhos realizou nesse período?

O que eu estou propondo antes de encerrarmos este livro é deixarmos a programação do seu GPS pronta. Afinal, como o Gato Risonho diz em *Alice no País das Maravilhas*, "Para quem não sabe para onde ir, qualquer caminho serve". Só que esse não é o seu caso.

Lembra quando eu comparei a nossa mente a um guarda-roupa bagunçado? Não queremos bagunça aqui, então precisamos tomar uma providência antes de começar a programar o GPS dos próximos cinco anos: organizar as "gavetas" da sua vida. Vamos dividir assim:

PESSOAL:
→ Saúde e disposição
→ Desenvolvimento intelectual
→ Equilíbrio emocional

PROFISSIONAL:
→ Sensação de realização e propósito
→ Recursos financeiros
→ Sensação de contribuição social

AFETIVO:

→ Relacionamento com a família

→ Relacionamento amoroso

→ Vida social

QUALIDADE DE VIDA:

→ Espiritualidade

→ Plenitude e felicidade

→ Hobbie e diversão

A partir dessa divisão, vamos fazer o seguinte:

Primeiro, atribua uma nota de 1 a 10 ao lado de cada área, em que 1 é "está tudo errado com essa área da minha vida" e 10 é "está tudo maravilhoso". Exemplo:

PESSOAL:

→ Saúde e disposição: **8**

→ Desenvolvimento intelectual: **7**

→ Equilíbrio emocional: **6**

Qual é o objetivo disso? Clarear a sua mente, sobre qual área está precisando mais da sua atenção nesse momento.

O que eu estou propondo é arrumar o guarda-roupa antes que você coloque um monte de roupa nova dentro dele. **Se você começar a traçar estratégias para alcançar o objetivo dos próximos cinco anos, sem antes detectar e corrigir o que está atrapalhando a sua vida no momento atual, dificilmente vai conseguir sustentar a motivação necessária para realizar as ações que farão você chegar lá.**

"Ai, Fabiane, não estou entendendo nada!" Calma, vou dar um outro exemplo para ficar didático.

Imagine que você está se preparando para viajar de carro nas férias, reservou todos os hotéis, programou o GPS, organizou o roteiro com todas as paradas, separou o dinheiro necessário... enfim, cuidou de 100% de tudo que envolvia o roteiro da viagem, e está animadíssimo para começar. Daí você coloca a família inteira dentro do carro e, ao encarar um temporal na estrada, se dá conta de que o limpador de para-brisas está quebrado, dando início ao primeiro perrengue não previsto no roteiro.

Mas como você ainda está motivado, consegue administrar o estresse familiar mesmo perdendo um tempão das férias procurando uma oficina, e enfim retoma o que foi combinado. O problema é que você também se esqueceu de checar o nível do óleo, e estava tão baixo que "bateu" o motor. Agora você está com a sua família num carro quebrado no meio da estrada, já é noite, o local está deserto e o temporal continua a cair.

Agora imagine que, nesse momento de desespero, o seu melhor amigo para ao seu lado, com o carro dele vazio, ultra confortável, oferecendo carona para que você e sua família retornem em segurança para a sua zona de conforto, a sua casa. Não há outra alternativa: ou volta todo mundo para casa em segurança, ou continuam desprotegidos na estrada.

Seja sincero: se você não tiver costurado muito bem a sua rede de apoio (que, nesse caso, é a sua família), e se não tiver as quatro forças de caráter da coragem muito bem desenvolvidas, você insistiria nessa viagem? Encontraria tranquilidade e motivação para convencer a família para continuar mesmo passando por tantos perrengues? Ou abriria mão da viagem de férias, criaria uma historinha qualquer na sua cabeça, culpando o fabricante do carro ou a última oficina em que fez a revisão, para se sentir menos culpado, e voltaria em segurança para casa?

Caberia um **você decide**, dito igual ao programa da TV Globo aqui, mas vou poupá-lo dessa nostalgia.

Bom, falando sério, não adianta programar incrivelmente os próximos cinco anos sem fazer um check-up antes, e é por isso que eu propus separar a sua vida em áreas. Não adianta começar a viajar de carro para as férias mais incríveis da sua vida se você não deixar o veículo 100% preparado para essa aventura.

Pronto, dito tudo isso, volte para as notas que você deu às áreas da sua vida, e escreva abaixo a que recebeu a menor delas:

_____

Você acha que, se investir tempo e dedicação para melhorar essa área, conseguiria alavancar as outras? Vamos para um exemplo.

Supondo que você tenha atribuído as notas abaixo:

Saúde e disposição: 6

Desenvolvimento intelectual: 8

Equilíbrio emocional: 7

Sensação de realização e propósito: 7

Recursos financeiros: 8

Sensação de contribuição social: 8

Relacionamento com a família: 8

Relacionamento amoroso: 7

Vida social: 5 (é a sua nota mais baixa)

Espiritualidade: 8

Plenitude e felicidade: 7

Hobbie e diversão: 7

Você acha que, se focasse melhorar a sua vida social, interagindo mais com os amigos, com familiares, potencializaria a área hobbies e diversão? Acha que teria mais chances de melhorar a área de relacionamento amoroso? E quanto à sensação de plenitude e felicidade, acredita que ela seria impactada?

Temos três objetivos com esse exercício:

→ Encontrar a sua área de alavanca, ou seja, aquela capaz de catapultar a melhora das outras;

→ Trazer clareza para a sua mente, tornando rápida e descomplicada a leitura do que precisa ser ajustado;

→ Preparar você para configurar o GPS dos próximos cinco anos.

E para trabalhar especificamente na área da sua vida que precisa de mais atenção, pode começar respondendo a esse roteiro de perguntas, que vão ajudar a clarear as ideias por aí:

1. **REALIDADE:** O que está acontecendo hoje nessa área da sua vida?
2. **SITUAÇÃO DESEJADA**: O que você quer que aconteça?
3. **OPÇÕES:** O que você pode fazer (ou parar de fazer) para melhorar nessa área?
4. **ANÁLISE DAS OPÇÕES:** Quais as vantagens e desvantagens de cada opção que você listou?
5. **OBSTÁCULOS:** O que está lhe impedindo de fazer (ou de parar de fazer) isso?

Se você quiser deixar essa análise ainda mais visual, pode usar o quadro a seguir para listar ações específicas e analisar rapidamente o que está ganhando em continuar fazendo, ou parando de fazer, cada uma delas:

ATIVIDADES	POR QUE ESTOU FAZENDO/ PARANDO DE FAZER ISSO?	AONDE ISSO VAI ME LEVAR?

Agora que você compreende o raciocínio de como ter clareza para agir e impulsionar as áreas que demandam atenção, é só colocá-lo em prática com perseverança!

Então, vamos programar o seu GPS para os próximos cinco anos?

Primeira coisa para se ter em mente: você não coloca a primeira parada quando programa o GPS. Você começa sempre com o destino final. Aonde você quer chegar? É preciso escolher esse marco.

Por exemplo: Você pretende estar morando na praia e vivendo de renda daqui a cinco anos. Qual marco vai comprovar que você chegou lá? Você pode até dizer que será a casa da praia — alugada ou própria —, mas seria mais prudente especificar como marco o valor total que terá investido, para ter a renda que deseja e a paz que almeja.

Deu para entender certinho qual é a ideia aqui? Precisamos de um marco palpável, senão o planejamento fica muito solto, e não é essa a nossa intenção. Seja específico: "Preciso de 600 mil reais investidos, que vão me gerar 6 mil reais de renda passiva, que são suficientes para eu alugar a minha casa na praia e viver de renda."

Uma dica para checar se esse marco que você escolheu é bom é trazê-lo para o método SMART:

Specific: É específico?

Mensurable: É mensurável?

Attainable: É atingível?

Realistic: É realista?

Time-bound: O tempo limite para concretização desse marco, no nosso exercício, é de cinco anos.

Pronto, já temos o destino! Agora vamos usar uma espécie de engenharia reversa, que é basicamente desmontar um equipamento pronto, parte por parte, para ver como ele funciona. Trouxe esse exemplo só para você pensar o seguinte: a nossa programação é do marco que você escolheu para hoje, e não o contrário. É do futuro para o presente.

O exemplo de viver de renda na praia é real, e foi compartilhado comigo por um mentorado. A situação dele era a seguinte:

→ Trabalhava como farmacêutico plantonista num hospital quatro vezes por semana, e o valor que recebia com esse trabalho cobria todas as despesas mensais;

→ Possuía uma pequena empresa de locação de peças para festas infantis, que naquele momento não estava rentabilizando;

→ Estava em busca de um novo emprego como plantonista para os outros três dias disponíveis, e passaria a investir 100% do que recebesse dessa nova renda.

Bom ou ruim, ele tinha um plano, certo? A maioria nem isso tem. Mas, olhando com um pouco mais de atenção, esse era um bom plano?

Primeiro que dificilmente ele encontraria motivação para trabalhar sete dias por semana, sem descanso, tendo ainda a empresa de locação de peças para festas infantis para cuidar.

"Ah, mas eu já pensei nisso: Vou chamar alguém para tocar a operação, e não vou precisar me envolver no dia a dia." Com um dono cansado e sobrecarregado, sem poder dar atenção ao negócio, de zero a dez, quanto você acha que seguir com essa empresa, que já não estava dando dinheiro, é uma boa opção?

E outra pergunta: Por quanto tempo uma pessoa com a mente cansada sete dias por semana é capaz de sustentar a motivação por um sonho que só se realizará em cinco anos?

E, para fechar, ainda que isso acontecesse, e ele passasse cinco anos muito motivado com esse caminho, ele não conseguiria o dinheiro de que precisava nem se investisse os dois salários inteiros por todo o período.

Parece óbvio que a estrada que ele estava planejando percorrer não o levaria ao destino, certo? Mas por que você tem essa clareza? Porque sabe aonde ele quer chegar daqui a cinco anos.

Vamos pensar diferente agora. Supondo que viver de renda na praia fosse apenas um sonho, e não uma meta a ser perseguida para os próximos cinco anos. Então tudo bem ele fazer exatamente como estava planejando? Entre trabalhar muito e ter algum dinheiro investido, e trabalhar menos e não ter nada investido, a primeira alternativa talvez fosse o melhor a fazer.

E qual é o problema disso? Problema nenhum, só que o sonho de viver de renda na praia seria somente um sonho. **Mas eu particularmente acredito que os sonhos existem para serem realizados...** então, por que deixá-los só na cabeça se podemos torná-los realidade?

COMO DEFINIR ESTRATÉGIAS?

Essa é a pergunta do milhão deste capítulo. Até aqui você já sabe quais áreas da sua vida precisa trabalhar mais e já sabe como definir o seu marco para os próximos cinco anos. Mas agora precisa montar um planejamento de ações para conseguir caminhar em direção a esse marco. Por onde começar?

Para alinhar as expectativas, não tenho a menor pretensão de ditar regras para você. Esse é o *Mapa da coragem* baseado em tudo o que vivi, estudei e aprendi. Então, mais uma vez, não temos uma receita pronta. Mas eu vou compartilhar o que fez sentido para mim, para que você adapte para a sua realidade. Como eu faria:

→ Dividiria o período em anos (2023, 2024, 2025, 2026 e 2027), e definiria pequenos marcos para cada um desses anos. Exemplo, se eu quero ter 500 mil reais investidos em cinco anos, isso significa que eu poderia escolher marcos menores, como chegar a 100 mil no primeiro ano, 200 mil no segundo ano, e assim por diante. E por que eu faria isso? Para ter uma confirmação se estou seguindo no caminho certo ou não.

→ Transformaria esses marcos pequenos em outros menores ainda, dividindo por mês, por exemplo, e traçaria ações específicas e detalhadas para atingi-los.

O segredo de transformar uma coisa grande em realidade é fracioná-la.

Se eu pensar que daqui a cinco anos quero ser uma autoridade respeitada no Brasil quando o assunto for desenvolvimento de coragem, escrever este livro é uma fração disso. Profissionalizar o meu Instagram é outra parte. Ter o meu podcast é mais uma.

O marco é grandioso, mas há bastante tempo até lá. Se eu usar esse tempo disponível com foco e estratégia, não tenho dúvidas de que vou chegar aonde desejo. E daqui a cinco anos você pode voltar aqui para me cobrar se deu certo ou não.

UMA COISA IMPORTANTE: EU SÓ TENHO CORAGEM DE PEDIR PARA VOCÊ VOLTAR AQUI E COBRAR O RESULTADO PORQUE EU APRENDI A CONSTRUIR SEGURANÇA. EU TENHO CLAREZA DA MINHA HISTÓRIA, SEI OS MEUS VALORES, BUSCO CONHECIMENTO ATIVAMENTE, CONHEÇO AS TRAVAS E AS ALAVANCAS DA CORAGEM, BEM COMO AS FORÇAS DE CARÁTER, SEI COSTURAR A MINHA REDE DE APOIO, E O RESULTADO DISSO TUDO NÃO TEM COMO SER OUTRO. EU SEI VOAR. POSSO CAIR? POSSO. E É POSSÍVEL QUE EU CAIA. MAS, ATÉ SE EU CAIR, JÁ SEI COMO VOU FAZER PARA ME LEVANTAR.

PARA ENCERRAR

Perceba que a todo momento nesse Mapa eu trouxe exemplos ou propus exercícios que tiveram como objetivo lhe trazer clareza, para que você possa construir a própria segurança.

Fiz isso porque não gosto muito dessa historinha de "se joga que a coragem acha você no caminho". E se ela não o encontrar? Esse é um risco que quem aprende a construir segurança não precisa correr – e espero que você tenha guardado essa mensagem no fundo do seu coração.

Sobre o autodesenvolvimento de coragem, não tenho pretensão de cobrir todos os assuntos que giram em torno desse tema, até porque acredito que estamos em constante evolução. Enquanto você aprende, eu aprendo também. Enquanto eu escalei um lado da montanha, talvez você escale o outro e tenha uma visão completamente diferente da minha. E é aí que está a beleza da vida. Quando se trata de autoconhecimento, não existe fórmula certa; existe a forma que faz sentido para você.

Entretanto, tem uma coisa que funciona para todo mundo: **você só vai chegar no topo da montanha se começar a escalar.** Um mapa é um papel que auxilia; mas somente a ação é capaz de trazer o resultado almejado.

Para ilustrar bem o que eu estou dizendo, vou citar um trechinho do livro *Coragem*, de Osho (2001). Ele foi um grande líder espiritual indiano, e dizia assim:

A verdade é uma experiência, não uma crença. A verdade nunca é descoberta estudando-se sobre ela; a verdade tem que ser encontrada, tem que ser defrontada. A pessoa que estuda sobre o amor é como a pessoa que estuda sobre o Himalaia olhando um mapa de montanhas. O mapa não é a montanha! Se você começar a acreditar no mapa, continuará não conhecendo a montanha. Se ficar muito obsessivo com relação ao mapa, a montanha pode estar ali bem na sua frente e você não será capaz de vê-la.

As coisas são assim. A montanha está na sua frente, mas seus olhos estão pregados nos mapas – mapa da montanha, mapas diferentes da mesma montanha, feito por exploradores diferentes. Alguém escalou a montanha pelo lado norte, alguém pelo lado leste. E fizeram mapas diferentes: o Alcorão, a Bíblia, o Gita – mapas diferentes da mesma verdade.

O *Mapa da coragem* foi a forma que eu encontrei de registrar o caminho que me levou ao encontro da coragem que eu acredito. Aquela que liberta. A que ensina como voar alto, mas prepara para as aterrissagens difíceis porque sabe que, se você for corajoso o tempo todo, vai cair em algum momento. Mas é como o Osho sabiamente disse: eu explorei um lado da montanha, apenas o lado que eu subi. Tenho certeza de que, assim que fechar este livro e começar a caminhar em direção a se tornar uma pessoa muito mais corajosa, **você vai encontrar novos horizontes, novas possibilidades**, e eu adoraria escutar as suas descobertas! Quem sabe não caminhamos juntos pelas montanhas da vida?

Agora, sim, eu deixo você ir. Obrigada pela companhia! Já estou animada para a nossa próxima aventura!

Quando se trata de autoconhecimento, não existe fórmula certa; existe a forma que faz sentido para você.

 @FABIMAIMONE

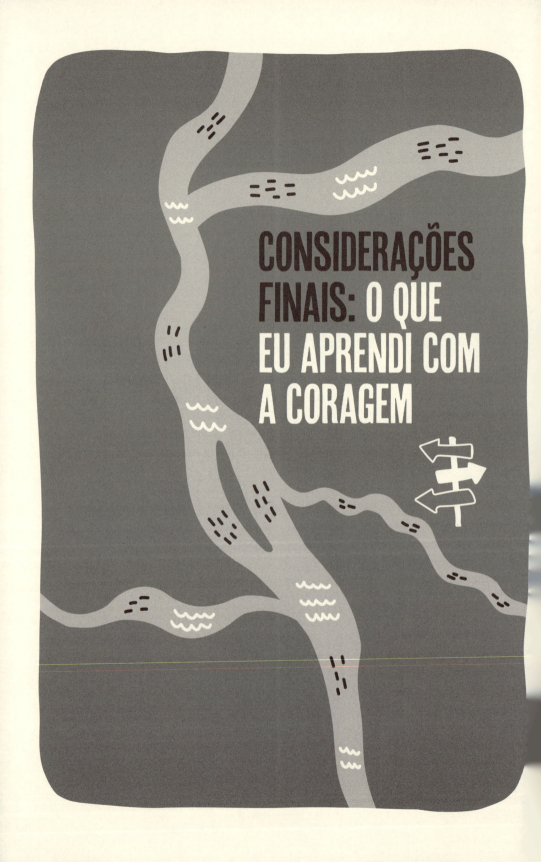

Estou aqui, novamente dentro de um avião. Diferente do voo calmo e tranquilo do dia 5 de novembro de 2021, quando recebi a triste notícia da partida da Marília, estou num avião que está tremendo muito. Já temos aproximadamente cinquenta minutos de turbulência, minhas mãos estão suadas e sinto todas as minhas extremidades geladas. Reações naturais ao medo? Com certeza. Sensação total de impotência? Maior ainda. O que me resta fazer então?

    Diante de uma situação como essa, tenho poucas alternativas de ação. Escolho respirar, conversar com Deus, explicar a Ele que essa ainda não é a minha hora, que tenho um caminho enorme pela frente para cumprir a missão que Ele mesmo me designou. E essa é uma conversa que me acalma. Ter certeza do que viemos fazer aqui na Terra, além de dar sentido e significado à nossa passagem por aqui, traz serenidade. Pelo menos noto que esses pensamentos estão me ajudando bastante, e o avião até parou de tremer. Ou será que continua tremendo, mas eu me envolvi tanto nessa conversa com Deus, e com a escrita deste livro, que acabei deixando o medo ir embora? Me pego refletindo sobre essa situação e sobre os meus próprios sentimentos, e chego a mais uma conclusão que quero compartilhar com você: Onde tem estado o seu foco?

Até abrir o computador e iniciar esta escrita, eu estava hiperfocada na janela. *Por que está tremendo tanto se não há nuvens? Cadê a aeromoça?* Gosto sempre de olhar para os comissários de bordo em momentos de turbulência para ver se encontro algum sinal de preocupação no rosto deles. Mas não encontro ninguém. Estão todos sentados e devidamente protegidos com os seus cintos de segurança afivelados – o que me deixou mais apreensiva ainda. *Será que é muito preocupante?* Passei a ouvir barulhos diferentes na aeronave e a interpretar cada um deles como um sinal de alerta diferente (e nenhum me remeteu a algo positivo, claro). *E esse cheiro, de onde vem? É óleo queimado?* De repente, me vi com todos os sentidos aguçados, contribuindo para potencializar o meu medo.

Já deu para entender aonde eu quero chegar?

Estou aqui diante de uma situação que eu não posso controlar: estou presa num avião em uma turbulência infinita. Esse é o fato. Mas hiperfocar em tudo que contribui para aumentar ainda mais o meu medo não é a coisa mais inteligente que posso fazer neste momento. E apesar de parecer que sou impotente diante da situação, eu não sou – nem mesmo aqui dentro desse avião. **Eu tenho o poder de me autorregular.**

Autorregulação é uma espécie de esforço consciente para controlar e gerir pensamentos e ações, o que resulta em emoções mais controladas. Enquanto não fazemos esse esforço consciente, somos levados pelos pensamentos automáticos, que nem sempre são bons. Na verdade, se tem uma coisa que não é boa é o surgimento de um pensamento automático quando estamos com medo. Sendo assim, estarmos presentes e conscientes é uma forma de conseguirmos mudar o rumo da nossa prosa interna.

Tenha em mente uma coisa: mesmo quando nos sentimos completamente impotentes, nós somos potentes. Aprender o raciocínio para construir

Onde tem
estado o
seu foco?

 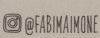 @FABIMAIMONE

segurança, inclusive emocional, vale para toda e qualquer situação, e funciona como um portal para vivermos uma vida muito mais corajosa.

O que eu aprendi com a coragem é que, se você optar por ela, os rumos da sua vida estarão sempre em suas mãos. E isso não significa que você terá uma vida mais fácil. Na verdade, ela será muito mais trabalhosa, mas significa que o poder de escolher ser livre e feliz estará sempre sob a sua responsabilidade.

Eu espero, do fundo do meu coração, que você não se poupe do trabalho de lutar por você mesmo e pela sua felicidade.

Anota aí o que eu vou lhe dizer: quando você implementar o caminho da coragem com segurança, você vai chamar a atenção das pessoas, porque elas não entenderão como você se tornou capaz de se movimentar tanto em direção aos seus sonhos. E quando isso acontecer, convide-as a embarcarem nessa jornada ao seu lado.

A coragem desafia o senso comum, eu sei disso. E especialmente por isso eu sou chamada de "louca" muitas vezes. As pessoas em geral não entendem como funciona a mente de alguém que desafia o conforto porque aprendeu a construir segurança, libertou a coragem, e se tornou imparável – mas eu e você sabemos como é incrível viver assim, não é mesmo?

Tudo pronto? Enquanto você aperta os cintos para decolar rumo à coragem, eu vou soltar o meu.

Ufa! O avião acaba de pousar. Tudo certo na Bahia!

FIM

Mesmo quando
nos sentimos
completamente impotentes,
nós somos potentes.

  @FABIMAIMONE

Vamos fazer um teste? Feche bem a mão. Com força. Vai, com força mesmo. Agora olhe para a sua mão fechada. É bem aí que está a sua força. Em você mesmo. Você já pode fechar o Mapa porque já conhece o caminho para libertar a sua coragem. Vai com tudo! E já sabe, né? Se você empregar a energia necessária, tudo dará certo!

REFERÊNCIAS BIBLIOGRÁFICAS

BABA, S. P. **Propósito**: A coragem de ser quem somos. Rio de Janeiro: Sextante, 2016.

BISHOP, G. J. **Pare com essa merda**: Acabe com a autossabotagem e conquiste sua vida de volta. Rio de Janeiro: Intrínseca, 2019.

BROWN, B. **A coragem de ser imperfeito**: Como aceitar a própria vulnerabilidade, vencer a vergonha e ousar ser quem você é. Rio de Janeiro: Sextante, 2016.

_____. **A coragem para liderar**: Trabalho duro, conversas difíceis, corações plenos. Rio de Janeiro: BestSeller, 2019.

_____. **Eu achava que isso só acontecia comigo**: Como combater a cultura da vergonha e recuperar o poder e a coragem. Rio de Janeiro: Sextante, 2019.

BRUNET, T. **Especialista em pessoas**: Soluções bíblicas e inteligentes para lidar com todo tipo de gente. São Paulo: Academia, 2020.

CLIFTON, D.; RATH, T. **Descubra seus pontos fortes 2.0**. Rio de Janeiro: Sextante, 2019.

DAVIS, V. **Em busca de mim**. Rio de Janeiro: BestSeller, 2022.

ELROD, H. **O milagre da manhã**: Diário. Rio de Janeiro: BestSeller, 2018.

GOLDENBERG, M. As mulheres não nascem livres: tornam-se livres. **Vogue**, 12 ago. 2021. Disponível em: https://vogue.globo.com/sua-idade/noticia/2021/08/mulheres-nao-nascem-livres-tornam-se-livres.html. Acesso em: set. 2022.

GOLEMAN, D. **Inteligência emocional**: A teoria revolucionária que redefine o que é ser inteligente. Rio de Janeiro: Objetiva, 1996.

HILL, N. **Mais esperto que o Diabo**: O mistério revelado da liberdade e do sucesso. Versão concisa e editada. Porto Alegre: Citadel, 2019.

JOTA Jota Podcast com Tiago Brunet em 18 de agosto de 2021.

MAIMONE, F. **Não faça o que eu fiz**: Baseado em um fracasso real. 2020.

MCKEOWN, G. **Essencialismo**: A disciplinada busca por menos. Rio de Janeiro: Sextante, 2015.

NEFF, K. **Autocompaixão**: Pare de se torturar e deixe a insegurança para trás. Teresópolis: Lúcida Letra, 2017.

OSHO. **Coragem**: O prazer de viver perigosamente. São Paulo: Cultrix, 2001.

OSTASESKI, F. **Os cinco convites**: Descobrindo o que a mente pode nos ensinar sobre viver plenamente. Rio de Janeiro: Sextante, 2018.

TOLLE, E. **Um novo mundo**: Um despertar de uma nova consciência. Rio de Janeiro: Sextante, 2007.

TZU, S. **A arte da guerra**. São Paulo: Novo Século, 2015.

QUER CONHECER
AINDA MAIS O TRABALHO
DE CORAGEM DA AUTORA?
ENTÃO CONFIRA O
CORAGEMCAST!

ESTE LIVRO FOI IMPRESSO
PELA GRÁFICA ASSAHI
EM PAPEL PÓLEN NATURAL
EM NOVEMBRO DE 2022.